"물이 바다를 덮음 같이 여호와의 영광을 인정하는 것이 세상에 가득하리라"

하박국 2장 14절

지혜 담은 작은컵은
성경적 세계관으로 살아가는 그리스도인들의 비전과 열정을 담는 그릇입니다.

기독교 학교를 어떻게 시작할 것인가?

기독교 학교를 어떻게 시작할 것인가?

엮은이_제임스 W. 브랠리 | 옮긴이_한국기독교교육진흥원 | 펴낸곳_도서출판 CUP
만든이_김혜정, 배은경 | 표지디자인_채이디자인 | 초판1쇄_2006년 10월 2일

등록번호_제22-1904호
펴낸곳_도서출판 CUP (136-825)서울특별시 성북구 성북1동 179-56
T.(02)745-7231 F.(02)745-7239 | www.dew21.org | cup21th@kornet.net
총판_DM로지스틱스 T.(02)3489-4300

The Translation is produced by written agreement with and permission from ACSI. Originally published in English as ***How to Start a Christian School***, International Edition, copyright 1998 by ACSI. All rights reserved including this translation.

Korean Translation Copyright © 2006 by CUP, Seoul, Korea.

본 저작물의 한국어 판권은 ACSI와 독점 계약한 '도서출판 CUP'가 소유합니다. 저작권법에 의하여 한국 내에서 보호를 받는 저작물이므로 무단 전재와 무단 복제를 금합니다.

· 잘못된 책은 언제든지 교환해 드립니다.
· 독자의 의견을 기다립니다.

값 8,500원

기독교 학교를 어떻게 시작할 것인가?

기독교 학교 설립을 준비하는 교회, 소모임, 단체를 위한 핸드북

CUP

How to Start a Christian School

compiled and edited
James W. Braley

책을 펴게 된 동기

성숙한 그리스도의 제자들은 신앙과 학문(또는 삶) 사이에 구분이 없다는 것을 이해합니다. 다시 말하면 우리 삶의 모든 부분은 종교적입니다. 이러한 개념은 교육이란 분야에서 더욱 더 첨예하게 작용하는데 이는 교육이 다음 세대의 마음과 생각을 형성하는 일이기 때문입니다.

따라서 기독교 학교를 시작하려는 소명의식은 고귀한 노력임과 동시에 막중한 책임이기도 합니다. 기독교 학교에서의 가르침과 배움은 그리스도의 향기가 배어 있는 활동들을 통해 이루어집니다. 기독교 학교는 지역 교회보다 젊은이들의 영적, 정서적 발달, 그리고 지적, 신체적 발달을 위해 더 많은 시간들을 활용하게 됩니다. 이 시간들을 지혜롭게 활용해야 하겠습니까, 그냥 낭비하여야 하겠습니까?

이 책은 여러분이 하나님의 영원한 빛 가운데 이러한 시간들을 지혜롭게 활용할 수 있는 기초를 만들 수 있도록 도울 것입니다. 기독교 학교를 시작하려는 여러분의 노력이 열매를 맺어 예수 그리스도의 인격을 반영하는 변화된 삶들이 풍성히 나타나기를 바랍니다.

Daniel Egeler(교육학 박사, ACSI 교육분과 디렉터)

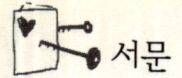 서문

 기독교 학교는 수많은 아동들과 청소년들에게 소망과 빛을 던져주기 위해 세계의 여러 공동체들과 국가에서 하나님 뜻에 따라 쓰임 받고 있다. 기독교 학교는 이미 수많은 나라에서 복음 전파를 위한 가장 강력한 도구로 확증 받고 있다. 일부는 교회 목회 차원에서 예비 학교나 유치원을 시작하기도 하며, 또다른 형태로는 가정을 지원하는 교회 사역의 일환으로서 학교가 자녀들의 지도와 양육을 제공한다.

 기독교 학교를 설립해야 하는 이유는 배제하고서라도, 기독교 학교가 성공적으로 설립, 운영되기 위해서는 반드시 지켜야 할 원리들과 실천 요소들이 존재한다. 「기독교 학교를 어떻게 시작할 것인가?」라는 제목으로 출판된 이 책은 험난한 사역에 실제적인 도움을 제공하는 데 그 목적을 두고 있다. ASCI(Association of Christian Schools International : 국제기독교학교협의회)는 이 책이 교회와 부모들, 그리고 기독교 학교를 시작하고자 하는 이들의 비전을 실현하는 데 버팀목으로 사용되기를 소망한다. ASCI는 세계 도처의 기독교 교육학자들과 학교들이 학생들을 효과적으로 교육하는 능력을 배양하도록 지원할 준비가 항상 되어 있다.

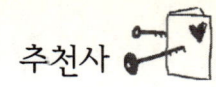

추천사

　기독교 학교 설립의 궁극적 목표는 성경적 믿음을 바탕으로 인생의 모든 영역에서 하나님께 영광을 돌리는 그리스도의 제자들을 양육하는 것입니다. 한국에 여러 가지 형태로 기독교 학교 운동이 일어나고 있는 이 때에, 우리보다 믿음과 헌신의 길을 먼저 갔던 ACSI의 풍부한 경험과 자료인 이 책의 발간은 우리의 어린 세대들을 사랑하시는 하나님의 특별한 축복이라고 생각합니다. 이 책이 기독교 학교 설립과 운영을 위한 시금석이 될 것을 기대합니다.

김요셉 | 중앙기독초등학교 교목

　지금 이 시대는 크나큰 교육적 위기 가운데 그 어느 때보다도 진정한 기독교 학교가 절실히 필요한 때입니다. 하나님의 뜻에 맞게 자녀를 교육하고자 하는 학부모, 목회자, 기독 교육학자, 그리고 기독 교사들은 다음 세대를 온전한 하나님의 백성으로 길러낼 수 있는 학교를 소망하고 있습니다. 그러한 기도 덕분일까요, 다행히 몇 년 전부터 기독교 대안학교의 설립과 설립을 위한 준비 모임이 만들어지고 있다는 기쁜 소식이 종종 들립니다. 그러나 안타깝게도 여러 가지 대내외적 문제로 애써 세워진 학교들이 어려움을 겪고 있다는 소식도 들립니다.

　그동안 기독교 학교의 철학과 교육 과정에 관해서는 여러 권의 책들이 번역되고 쓰여졌지만 학교의 운영에 관한 문제들, 즉 경영, 행정, 학생 모집, 시설, 학부모와의 관계, 홍보 등에 관해 실제적인 조언을 주고 있는 지침서는 거의 볼 수 없었습니다. 이 책은 기독교 학교를 하나님이 주신 평생의 소명으로 믿고 준비하고 있는 분들께 설립의 준비 과정에서 큰 도움을 줄 수 있는 자료가 되리라 믿습니다.

현은자 | 성균관대 아동학 교수, 기독교교육자료센터 실행위원

이 책은 기독교 학교 설립에 대한 알파와 오메가를 담고 있다. ACSI는 미국에서 가장 규모가 큰 기독교 학교 협의체로서 기독교 학교 설립에 대한 가장 확실한 노하우를 가지고 있는데, 이 책에서 어떤 과정으로 기독교 학교를 설립해야 할지를 자세히 소개하고 있다. 기독교 학교에 관심 있는 분들, 그리고 기독교 학교를 설립하기 원하는 모든 분들이 읽어야 할 필독서이다.

박상진 | 기독교학교교육연구소 소장

기독교 학교를 설립한다는 것은 하나님의 또 다른 집을 짓는 것이기에 쉽게 세워지는 것이 아닐 뿐더러 아무렇게나 세워서도 안 된다. 바로 이 책은 기독교 학교 설립을 준비하는 교회나 그룹들에게 학교의 비전과 원리, 절차, 방법 등에 대해서 아주 실제적이고 유용한 정보를 제공해 주고 있다.

임태규 | 기독교대안학교연맹 사무총장

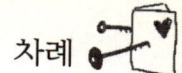

차례

책을 펴게 된 동기 _ 5
서문 _ 6
추천사 _ 7

01 비전 세우기 · 13
마음에 새겨야 할 기본 원리 _ 17
기독교 학교의 시작 | 미래를 위한 비전 _ 19

02 계획을 시작하기 · 23
연구의 과제 | 기독교 학교에 대한 가능성 결정하기 _ 26
기독교 학교에 대해 연구하라 _ 27

03 계획을 발전시키기 · 29

학교의 철학과 계획 세우기 _ 31

신앙 진술서 | 교육의 철학 | 목적 선언문 또는 사명 선언문 | 기독교 학교 인가 | 그리스도인 교사들은 진리에 대한 기독교적 관점을 어떻게 적용하여야 하는가? | 어떻게 하나님께 영광 돌리며, 자신에 대한 올바른 자아관을 가지도록 지도할 수 있는가? | 어떻게 인간의 타락한 본성을 성경의 진리에 적용할 것인가? | 어떻게 하나님에 대한 올바른 인식을 학생들에게 심어 줄 수 있는가? | 아동교육에 필요한 교사의 자질은 무엇인가? | 우리 학교가 사회에 공헌을 하고 있는지를 어떻게 알 수 있는가? 36

조직체계 _ 51

기독교 학교를 위한 조직 형태와 설립 절차 | 기독교 학교의 위원회 조직 | 위원회의 기능 | 집행 회의에 관한 정책 | 소위원회 | 소위원회 구성원들의 자격 요건 | 위원회의 윤리강령 | 위원회의 의무와 책임 | 위원회를 위한 체크리스트   55

정책들 _ 81

정책 매뉴얼 개발하기 | 훈육 | 성경적인 가치들 가르치기 | 기독교 학교에서 성경적 가치들 가르치기 | 성경적인 삶의 가치를 제시하는 11개명   85

인사 _ 99

교장을 위한 체크리스트 | 기독교 학교 교사 직무 내용 설명서 | 교사 입사 지원서 | 개인적 추가 질문 | 직업적인 추천서 | 인사 형식 | 교사 평가 양식   107

시설 _147

도서관/미디어 센터   151

교과 과정 _166

기독교 학교를 위한 교과 과정 개발   170

설비 _187

서류 양식과 인쇄물들 _191

기독교 학교 학생 입학 지원서 | 협력 진술서   195

학부모 _ 199

재정 _ 204   학교 예산안 수립 | 예산 작성으 근본 원리 | 예산안 견적 | 주요 설비에 대한 제안 209

학생 교통편의 제공 _ 224

건강(보건) _ 227   비상시 건강과 안전 정보 | 위운장 230

학교 홍보하기 _ 232

기억하라, 이것이 하나님의 학교 시스템이다 _ 238

04 부록 · 241

특별 부록 _ 우리 나라 기독교 대안학교의 현황과 설른 문제 | 임태규 243
부록1~9 _ 276
이 책에 사용된 용어들 _ 299
기독교 학교에 관한 읽을거리 _ 302
번역 후기 _ 304

비전 세우기 01

기독교 학교를 시작함에 있어 가장 중요한 것은 이 일의 위대함을 깨닫는 것이다. 부모들과 그 자녀들과 함께 예수님을 나누도록 도전을 주시고 의미 있는 기회를 부여하신 분이 바로 하나님이라는 것을 이해하는 것은 필수적이다. 기독교 학교를 시작하기 원하는 사람이 첫 단계로 해야 하는 것은 기도이다. 기도가 첫 걸음이다. 기도가 모든 과정을 이끌어 가야 한다. 오직 기도만이 하나님의 은총을 이끌어 내기 때문이다.

대부분의 기독교 학교는 한 사람 또는 소그룹의 비전으로부터 시작되며, 이 일이 실현될 것을 믿는 소수의 헌신된 사람들의 열정과 헌신을 통해 이루어진다.

기독교 학교 설립의 두 번째 단계는 학교 설립의 가능성을 책임감을 가지고 종합적으로 연구할 연구위원회를 구성하는 일이다. 이 위원회는 학교 설립에 도움이 될 특별한 경험이나 배경 지식이 있는 사람들로 구성되어야 한다. 위원회에는 교육자, 재정 후원자, 그리고 정부 및 기독교 공동체와 교감이 이루어질 수 있는 사람들이 포함될 수 있다.

철저한 연구와 계획 없이 학교 설립을 시작한다면 결국 좌절과 실패로 끝나기 쉽다. "너희 중에 누가 망대를 세우고자 할진대 자기의 가진 것이 준공하기까지에 족할는지 먼저 앉아 그 비용을 계산하지 아니하겠느냐 그렇게 아니하여 그 기초만 쌓고 능히 이루지 못하면 보는 자가 다 비웃어 이르되 이 사람이 공사를 시작하고 능히 이루지 못하였다 하리라"(눅 14:28~30)는 말씀이 경고하는 것처럼, 학교 설립을 어정쩡하게 시작해서 실패하는 것보다는 오히려 학교 설립을 시작하지 않는 게 더 나을 수 있다. 그러므로 연구위원회는 든든한 기독교 학교를 설립하기 위한 기초 작업을 수행해야 한다. 학교를 설립하기 위해서는 재정, 시설, 관련 법률, 기독 교육의 지역적 관심사, 그리고 학교 설립 시 확보될 수 있는 학생 수 등을 주의깊게 연구해야 한다. 이러한 철저한 연구 작업이 선행되어야 학교 설립 취지나 위원회를 도울 수 있는 행정가 모집의 청사진이 가능하기 때문이다.

설립될 학교에 대해 부모와 아이들의 관심과 지원을 이끌어내는 것은 매우 중요하다. 또한 지역 교회와의 원활한 대화는 필수적이다. 위원회가 충분한 정보를 수집하고 가능한 학생 수를 예상한다면, 보다 세부적인 계획을 세우고 필요한 수입이 얼마인지를 알기 위해 재정 조사를 할 수 있게 된다. 초기 학교 경영의 어려움을 피하기 위해서는 소규모 학생들로 시작하는 것이 좋다. 다시 말하자면, 처음에 너무 많은 학년과 학생들로 시작해 첫 해부터 어려움에 봉착하는 것보다 적은 숫자로 시작해 해마다 학년의 수를 늘려가는 것이 좋다는 것이다.

이 책의 목적은 학교 설립시에 필요한 기본적인 정보를 제공하는데 있다. 학교 설립에 필요한 모든 정보가 다 들어있다고 볼 수는 없지만, 효율적인 계획에 기초하여 학교를 설립하기 위한 충분한 정보는 다 들어 있다고 본다. 각 학교의 특성에 따른 차이가 존재하기 때문에 위원회는 지역적 필요와 요구사항을 조사할 필요가 있다. 이 책에는 이를 위한 체크리스트가 제공되기 때문에 위원회가 사업을 계속 진행하는데 도움이 될 것이다.

마음에 새겨야 할 기본 원리

1. 예수 그리스도가 기독교 학교의 중심이시다.

   학교가 기독교적이기 위해서는 그리스도가 그 중심에 계셔야만 한다. 아이들과 젊은이들에게 기독교 교육을 시키고자 하는 모든 이들은 성경의 기본 원리를 실천하기 위해 끊임없이 노력해야 한다.

2. 하나님은 자녀 양육의 책임을 일차적으로 부모에게 부여했다.

1) 학교는 학부모들의 책임 하에 있으며 학생들의 가족과 팀을 이루어 일해야만 한다.

2) 학교는 가능한 한 많은 정보를 학부모들에게 제공해야만 하며 학부모들은 학교에서 이루어지고 있는 일들을 알아야 한다.

3) 학부모들과의 교제는 필수적이다.

   - 각 가정은 입학을 결정하기 전에 교장과 인터뷰를 위한 만남을 가져야 한다.
   - 교장과 교사들은 학교의 비전과 진행 과정들을 학부모들과 공유하기 위해 오리엔테이션 시간을 마련해야 한다.
   - 학기 중 한 달에 한 번 정도는 교사-학부모 간의 간담회가 열려야 한다. 이러한 과정을 통해 학부모들은 자녀들이 어떻게 공부하고 있는지를 알 수 있고, 관심과 필요를 서로 나눌 수 있다.

4) 학교는 가정과 정기적으로 대화를 해야 한다. 유·초등생을 대상

으로 한 학교는 학생들의 학업과 관련된 통지서 또는 학교, 교사가 주는 편지를 각 가정에 일주일에 한 번 정도 보낼 필요가 있다. 또한 학부모들은 이 편지의 내용을 숙지하고 편지에 답을 할 책임이 있다. 고학년들이 다니는 학교는 월간 뉴스레터를 보낼 수도 있고, 특별히 필요할 때는 학부모들과 직접적인 대화를 하는 것이 좋다. 이를 통해 학부모들은 자녀가 학교에서 어떤 어려움을 갖고 있는지 알 수 있으며, 감사한 마음을 가질 수 있을 것이다. 교사들은 학생의 나이와 상관없이 학부모들과 정기적인 만남을 가지는 것이 바람직하다.

3. **학교는 학생들을 양육해야 한다.**

   마태복음 18장 1~6절은 아이들이 치우쳐서 죄를 짓지 않게 양육하는 일에 대한 책임과 도전의식을 심어주고 있다.

4. **모든 아이들에게는 재능이 주어져 있다.**

   모든 기독교 학교의 교장과 교사들은 하나님의 관점에서 아이들을 바라볼 수 있어야 한다. 하나님은 각자에게 특별한 재능과 능력을 부여하셨다. 학교는 아이들이 그들의 재능을 찾고 발전시킬 수 있도록 도와 주어야 한다. 하워드 가드너(Howard Gardner) 박사는 복합지능에 관한 중요한 연구에서, 아래 7가지의 서로 다른 지적 재능이 있다는 것을 확신하였다.

1) 언어적 재능 : 단어를 사용하는 능력
2) 논리적·수학적 재능 : 추론을 잘할 수 있는 능력
3) 음악적 재능 : 리듬에 대한 예민한 귀와 센스

4) 공간 지각력 : 시각 세계를 정확히 인지하는 능력
5) 운동 감각 : 우아함과 민첩성
6) 대인관계 : 다른 사람을 이해하는 능력
7) 내면세계 : 자아에 대한 통찰력

기독교 교육 종사자들은 각 학생의 능력을 인지하고 평가하는 데 많은 노력을 기울여야 한다. 이러한 의미에서 분기별 평가와 시상 시스템은 학생들이 얼마나 재능을 사용하고 그 재능을 긍정적 방향으로 개발하고 있는가를 인지할 수 있기 때문에 도움이 된다. 몇몇 학교들은 학생들의 성과를 강조하기 위해 정기 신문을 간행한다.

5. **성경적 가르침을 유지하라.**

학생들에게 받는 것보다 주는 것이 축복임을 볼 수 있도록 도와 주어야 한다. 이 일을 위시해서 학생들이 서로를 섬기고 더 나아가 그들 주변지역, 나라, 세계에 있는 사람들을 섬길 수 있도록 도와 주는 프로그램을 개발하도록 해야 한다.

기독교 학교의 시작 _ 미래를 위한 비전

오늘날 전 세계적으로 성령께서 일으키고 계시는 가장 흥미로운 일들 중 하나는 바로 성경에 기초하여 설립되는 기독교 학교들이 빠르게 증가하고 있다는 것이다. 아마도 주님께서는 지역 교회 또는 선교 단체의 선교 일환으로 기독교 학교 설립을 인도하고 계실 것이다. 그

분은 독립적으로 기독교 학교가 설립되도록 인도하고 계시는데, 여기에는 명심해야 할 몇 가지 중요한 요소들이 있다.

1단계 | 기독교 학교는 보통 개개인의 마음으로부터 출발하는데, 기독교 학교에 관한 생각들은 기도 가운데서 성숙해져야 한다. 어린 학생들의 교육과 영적 복지는 막대한 책임감을 요구하기에 주님으로부터 확실한 방향을 설정 받은 후에 시작해야 한다. 기도와 하나님에 대한 철저한 신뢰는 사업 전반에 걸쳐 매우 중요하다.

2단계 | 5명에서 7명 사이의 책임감 있는 연구위원회를 구성하라. 학교 설립 후 첫 학교위원회의 멤버들이 될 만한 사람들을 선택하는 것이 좋다. 연구위원회는 다른 기독교 학교와의 접촉을 긴밀히 유지하는 가운데, 가능하면 그 곳을 답사하고, 그들로부터 학생의 입학, 재정, 커리큘럼 등의 안내와 공급, 자료의 구입, 교직원·학생·학부모 정책과 핸드북, 그리고 일반적 사무 진행에 관한 출판물과 정보에 대한 도움을 받으라.

3단계 | 기독교 학교에 관한 생각들을 이 학교를 후원해 줄 수 있는 교회위원회와 그리스도인들 또는 다른 사람들에게 홍보해야 한다. 만약 그들이 동의한다면 필요한 모든 법적 진행 과정을 공유하라.

4단계 | 후원회가 기독교 학교에 관한 비전과 계획들을 승인하였다면, 당신은 몇몇 아주 중요한 단계들을 수행할 준비가 된 것이다. 교장과 교직원을 선출함으로써 일을 시작하라. 다른 교육 기관과 마찬가지로 기독교 학교는 당신이 선출하는 교장과 교사의 자질에 비례하여 그리스도와 기독교 교육의 대의명분을 이행하게 될 것이다. 만약

선출된 교장이 광범위한 행정적 능력을 소유하고 있다면 기독교 학교에 큰 도움이 될 것이다. 기독교 학교를 성공적으로 이끌기 위해 교장은 다음과 같은 자질들이 필요하다. 교장은 강력한 영적 리더이어야 하고, 재정적인 능력이 있어야 하며, 교과 과정을 잘 이해하고 있어야 한다. 뿐만 아니라 그는 홍보하는 일과 공공 관계에도 능숙해야 하고 교사·학부모·학생의 현명한 상담자가 되어야 한다. 선출된 교사들은 아이들과 젊은이들의 영적 필요를 잘 이해하는 훌륭한 그리스도인이어야 하고 배움을 불어넣을 수 있는 개인적 카리스마를 가진 진정한 학자여야 한다. 그들은 또한 학부모들에게 자신감을 불어넣고 다른 동료 교사들과도 잘 융합할 수 있어야 한다. 교사들을 선발할 때 가능하면 많은 참고 자료들을 주의 깊게 체크하기를 권고한다.

5단계 | 필요한 학교 시설에 대해 분석하라. 많은 학교들은 교회의 교육관 내에 설립된다. 기독교 학교 운동이 매우 빠르게 성장하는 이유 중 하나는 교회가 주일학교를 확충하기 위해 훌륭한 교육관을 지어왔기 때문이다. 일반적으로 시설의 몇 가지만 개조하면 학교의 교실들은 확보될 수 있고, 주차장이나 다른 소유지들은 운동장이나 활동 공간으로 활용될 수 있다. 건물과 건강, 화재, 그리고 안전 규정과 관련해서 정부기관의 허가를 받아두는 것도 필요하다. 지역의 법적 요구사항들을 숙지하고 있어야 한다. 다른 지역 학교들이 이 일을 위한 적절한 도움을 제공할 수 있을 것이다.

6단계 | 가능하다면 개교 9개월 전쯤에 학교 홍보를 시작하라. 입학 캠페인을 벌이는 동안 학교의 창학정신이 담겨있는 소책자와 전단

지, 개교하는 해의 학교 행사들이 담겨 있는 달력과 학부모·학생 핸드북, 그리고 지원 양식을 준비하라(모든 샘플들은 당신이 관계하고 있는 기독교 학교들에서 얻을 수 있을 것이다).

첫 해에 많은 수의 학생들이 입학하는 것을 기대하지 말고 자질이 뛰어난 학부모, 학생, 교사들을 모으는 데 주력하라. 질적인 수준을 높인다면 학교가 긍정적으로 하나님께 영광을 돌리게 될 것이다. 만약 실패한다면, 그 손실을 회복하는 데만 수년이 걸린다. 큰 실패를 경험하는 것보다는 자그마한 성공을 즐기는 것이 더 낫다.

7단계 | 합리적인 재정 정책을 펴라. 간단히 말하자면, 학교의 수입과 지출 비용은 비례해야 한다. 학비와 학교에서 고용하는 사람들의 수에 대해서는 현실적으로 계산하라.

첫 해에 엄청난 손실이 발생한다면 새 학교가 추진력을 발휘하는 데 많은 어려움을 겪게 된다. 학교 운영위원회는 학교의 재정 현황을 파악하기 위해 월간 재정 보고서를 주의 깊게 모니터링 해야 한다. 경험으로 미루어 볼 때 학교는 교사 1인당 최소 20명의 학생을 유지해야만 한다. 전형적인 학비의 증가 비율은 그 지역의 다른 학교들과 비교하며 체크하라. 항상 기도하면서 개교의 일정을 정하고, 시설들을 준비하며 법적 요구에 부응하라.

ACSI의 창시자인 Paul A. Kienel 박사가 제시한 미래를 위한 비전
New & Young School Manual, ACSI, 1995 중에서

계획을 시작하기 02

1. 기획위원회를 구성한다(만약 학교가 지역 교회에 의해 후원된다면, 목사와 교회의 위원회가 기획위원회로 활동하거나, 그들이 누군가를 임명할 것이다).
2. 가능하다면 다른 기독교 학교들을 방문한다. 만약 방문이 불가능하다면 그들 자료의 사본을 얻도록 노력한다. 다른 학교의 교장들과 전화 통화를 하거나 서신을 왕래하는 것은 통찰력을 얻는 데 도움이 된다.
3. 기독교 학교에 관한 교회 지도자와 목사들의 관심을 고려하면서 그들을 방문한다.
4. 가능한 지역과 건물 정보를 수집한다(이것은 학교의 건물로 사용될 수 있는 지역 교회 건물 또는 다른 지역의 건물이 될 수도 있다).
5. 기독교 학교에 대한 각 가정의 관심도를 체크하기 위하여 교회를 통해 정식으로 설문 조사를 한다.

이 장에 포함되어 있는 아래 두 개의 샘플 자료가 이 첫 단계에서 유용할 수 있을 것이다.
1. 기독교 학교의 가능성을 결정짓기 위한 연구 과제
2. 설문 조사 양식

연구의 과제 _ 기독교 학교에 대한 가능성 결정하기*

기획위원회가 기독교 학교에 대한 가능성을 찾아 나갈 때 유용한 정보와 통계를 수집하는 것은 중요하다. 아래의 리스트는 이 일에 도움을 줄 것이다.

1. **통계**
1) 관심을 품고 있는 교회 성도의 수
2) 지금으로부터 5년간 추정되는 회원의 수
3) 관심 있는 교회 또는 기독교 공동체에 참여하고 있는 취학 연령 아이들 수. 각 학년별 아이들의 수에 대한 파악.
4) 기독교 공동체에 거주하고 있는 취학 연령 아이들의 수
5) 기독교 학교에 입학할 것이라고 예상되는 아이들의 수
2. 지역 교회와 공동체에서 기독교 학교에 얼마나 관심이 많은가?
3. 지역 그리스도인들은 기독교 교육에 대한 정보를 충분히 제공받고 있는가? 만약 그렇지 않다면 그들을 교육시키기 위해 할 수 있는 일은 무엇일까?
4. 그리스도인들이 기독교 교육에 대한 정보에 관심이 있다면 어떤 특별한 문제에 관심을 쏟고 있는가?
5. 학생과 가정들은 기독교 학교로부터 어떤 유익을 얻을 수 있는가?
6. 학교 주변의 지역 그리스도인들과 다른 이들의 관심을 끌기 위하여 어떤 방법이 사용될 수 있겠는가?

7. 시설 중 몇 퍼센트가 학교를 위해 사용될 수 있는가?
8. 어떠한 추가적인 시설들(활동 공간, 놀이 장소, 운동장, 과학 시설)이 필요한가? 아마도 개교를 위해 위의 모든 시설들이 필요하지는 않을 것이다. 그런 기본적 필요사항들을 결정짓기 위한 기획위원회가 필요하다.
9. 어느 곳에 학교가 설립되어야 할 것인가?
10. 학교 설립에 얼마나 많은 비용이 들 것인가? 기획 단계에서 이 정보는 경험에 근거한 추측에 의해 이루어질 것이다.
1) 건물과 시설
2) 연간 운영
11. 필요한 재정을 어떻게 충당할 것인가?
12. 학교 설립을 위해 어떠한 법적 절차들이 필요한가?

* William A. Kramer로부터 인용,
Planning a Lutheran School St. Louis, Missouri:The Lutheran Church Missouri Synod

기독교 학교에 대해 연구하라

이 지역에서 기독교 학교에 대한 가능성을 조사하기 위해 특별 기획위원회가 구성되었습니다. 다음 조사 양식을 작성해 당신의 교회로 발송해 주시던 위원회는 이 정보를 사업 기획에 유용하게 활용할 수 있을 것입니다. 협조에 감사드립니다.

기독교 학교란 무엇인가?

　기독교 학교는 기독교적 관점에서 학생들을 교육하는 데 그 사명이 있습니다. 이 기독교적 관점은 교회와 그리스도인 가정이 공유하는 성경적 가치로부터 나온 것으로서 예수 그리스도를 그 진리의 핵심에 두고 삶의 전 영역과 관련하여 젊은이들을 양육하는 것입니다. 기독교적 시각을 교육에 반영하는 일은 중요한데, 이 시각은 헌신되고 전문화된 교직원에 의해 실현되며 배움과 성장의 모든 면에서 증명되어져야 합니다. 그리고 이 일이 열매를 맺을 때 하나님 나라의 신실한 시민으로서 어떻게 배우고 살며 일해야 하는지를 아는 학생들이 이 학교에서 배출될 것입니다.

YES　NO

____　____　당신의 공동체에서 기독교 학교가 설립되기를 원합니까?
____　____　아이들을 기독교 학교에 보낼 의향이 있습니까?
____　____　당신은 기독교 학교의 시작에 기꺼이 협조하시겠습니까?
____　____　당신은 기독교 학교를 위해 기도하시겠습니까?
____　____　기독교 학교를 재정적으로 기꺼이 도우시겠습니까?

만약 취학 연령대 아이가 있다면 다음 정보를 기입하시오.

　　　　이 름　　　　　　　　　　　　나이

1. _____　_____

2. _____　_____

3. _____　_____

• 참고 : 기획위원회는 정보를 위해 추가적인 질문을 할 수 있다.

계획을 발전시키기 03

학교의 철학과 계획 세우기

1. 학교위원회 조직하기 : 후원 그룹과 기획위원회는 학교위원회를 형성하기 위해 필요하다.
2. 지도자 물색 : 교장은 학교를 이끌어 가는 역할을 하며 위원회와 계획, 고용, 학생들 입학, 재정 계획, 그리고 학교 관리감독과 관련한 기능을 수행해야 한다.
3. 세부 계획 세우기 : 아래 내용은 기독교 학교를 설립해 나가는데 필요한 기본 정보, 목표, 그리고 체크리스트 등을 제공하고 있다.
4. 인가 과정 검토하기 : ACSI 학교 인가 매뉴얼 사본을 참고하라. 비록 즉각적인 정식 인가는 어렵겠지만, 인가 매뉴얼에 나와 있는 표준은 학교 설립을 위해 유용한 지침을 제공할 것이다(이 장에 나와 있는 인가에 관한 글을 참고하라).

학교 설립 사업을 시작할 때는, 학교에 대한 철학과 신앙에 대한 확고하고 명확한 진술이 준비되어야 한다. 필요하다면 다른 기독교 학교의 철학적 개념들을 참고해 보는 것도 좋다.

이 장에는 이러한 비전에 대한 샘플이 참고적으로 제시되어 있다. 위원회와 교장은 교육에 대한 기독 철학적 개념을 개발하고 또 그것을 정책 과정에 반영시켜야만 한다. 각 교사와 학부모들은 이러한 학교의 철학적 배경들을 이해하고 있어야 한다. 이것은 학교가 하는 모든 행위, 즉 배움과 활동의 초석이 되는 과정이다.

1. 교육에 대한 철학

교회와 학부모들과 공유할 수 있는 교육에 대한 비교적 간단한 기독교적 철학을 정립해 두는 것은 중요하다. 학교에 적용시킬 수 있는 기본 철학적 원리들을 적어 보라. 그것은 당신이 기독교 지도자들을 인터뷰할 때나 일꾼들을 뽑을 때 커다란 도움이 될 것이다. 이 문서에는 학생들, 교사, 가족, 교과 과정, 그리고 기독 교육의 기반에 대한 명확한 진술이 포함되어야 한다. 이 문서는 위원회의 정식적 승인과 완전한 동의가 필요하다(뒤의 교육의 철학 샘플 참조).

2. 신앙적 진술

사람들은 기독교 학교가 무엇을 믿는지, 무엇을 가르치는지, 그리고 학교의 영적 배경이 무엇인지를 묻게 될 것이다. 이 때 당신의 대답이 모호해서는 안 된다. 이 질문들에 대한 대답을 돕기 위해 먼저 신앙적 진술을 기록하고 이것을 표현하는 간결한 방법을 찾는 것이 좋다. 학교는 학부모들에게 제공하는 정보지에 이 신앙적 진술을 포함시킬 수 있을 것이고 학부모들은 이 신념대로 아이들을 교육하도록 동의할 것이다(기독교 학교를 위한 신앙 진술서 샘플 참조).

3. 학교의 목적과 영역

이 문서는 학교의 구조를 만드는 토대가 될 것이다. 학교의 창립 정신을 결정한 이후에는 다음과 같은 질문에 답할 필요가 있다.

- 학교가 기독교 가정들을 대상으로만 교육을 제공할 것인가? 아니면 비기독교 가정들도 받아들이고 선교적 임무를 감당할 것인가?
- 만약 학교가 비기독교인 아이들을 받아들인다면 당신은 그들의 수를 일정 범위 내로 제한하여 대부분이 기독교적 배경 가운데 있게 할 것인가?
- 다른 종교를 믿는 아이들도 입학시킬 것인가?
- 학교가 교회의 지도자들과 함께 교회를 섬기는 일을 자발적으로 할 것인가? 또는 이것이 학부모들에 대한 봉사이기 때문에 학부모들 모두를 의사 결정에 참여시킬 것인가?
- 가능하다면 학교가 정부 보조금 또는 일정한 지원금을 받아들일 것인가? 아니면 정부로부터 독립적으로 운영할 것인가?(학교가 독립적으로 존재하면 당신은 정부의 권고나 규제 또는 책임으로부터 자유로워질 수 있다.)

기독교 학교의 기본 목적과 영역을 제공해 주는 정확한 대답은 없다. 기획위원회와 기독교 공동체의 일원들은 학교가 어떻게 구성될지에 대한 다양한 이견들을 개진할 수 있으리라고 본다. 정말 중요한 일은 결정될 학교의 목적과 영역에 대한 명확한 계획이 준비되는 것이다.

4. 선교 진술서

각 학교는 학교의 설립 목적을 담은 명확한 선교 진술서를 갖추고 있어야 한다(선교 진술서 샘플 참조).

5. 인가

우선 ACSI로부터 학교 인가 매뉴얼(School Accreditation Manual : International Edition)의 사본을 입수하기 바란다. 인가 과정에 대한 표준은 학교를 설립하는 데 아주 큰 도움이 될 것이다. 학교가 몇 년간(비공식적으로) 실제적으로 활동했다면, 인가 후보군에 등록되어 인가 과정을 밟는 일은 가능하다(뒤의 인가 샘플을 보라).

6. 추가 정보

이 장은 기획위원회에 필요한 몇 가지 추가적인 정보를 포함한다.
- 교사들이 기독교 진리에 담긴 개념들을 어떻게 가르칠 것인가?
- 어떻게 하나님께 올바른 영광을 돌리고, 학생들에게는 자아와 관련된 적절한 개념들을 가르칠 것인가?
- 인간은 타락한 존재라는 성경적 진리를 어떻게 가르칠 것인가?
- 아이들에게 하나님에 대한 올바른 개념을 가르치기에 효과적인 지도 방법은 무엇인가?
- 누가 아이들의 교육에 책임이 있는가?

- 우리는 학교가 사회에 공헌을 하는지 아니면 실망을 주는지 어떻게 알 수 있는가?

신앙 진술서

1. 우리는 성경이 영감에 의해 지어지고, 완전무결하며, 권위가 있는 하나님의 말씀임을 믿는다(디모데후서 3:15, 베드로후서 1:21).

2. 우리는 하나님이 성부, 성자, 성령으로 존재하시는 하나의 하나님임을 믿는다(창세기 1:1, 마태복음 29:19, 요한복음 10:30).

3. 우리는 그리스도의 신성(요한복음 10:33), 동정녀 잉태(이사야 7:14, 마태복음 1:23, 누가복음 1:35), 죄 없음(히브리서 4:15, 히브리서 7:26), 기적들(요한복음 2:11), 대속의 죽음(고린도전서 15:3, 에베소서 1:7, 히브리서 2:9), 부활(요한복음 11:25, 고린도전서 15:4), 승천(마가복음 16:19), 그리고 능력과 영광 중의 재림(사도행전 1:11, 요한계시록 19:11)을 믿는다.

4. 우리는 인간 본성의 엄청난 죄로 인해 타락한 존재이기에 구원을 위한 성령 하나님의 새롭게 하심이 절대적으로 필요함을 믿는다. 그리고 사람은 그리스도의 피 안에서 그분을 믿는 믿음에 의해 의롭다 함을 얻고 오직 믿음에 근거한 하나님의 은혜에 의해서만 구원을 얻기 때문에 구원을 위한 성령 하나님의 새롭게 하심이 절대적으로 필요하다.

5. 우리는 산 자와 죽은 자의 부활(생명의 부활, 심판의 부활)을 믿는다(요한복음 5:28~29).

6. 우리는 주 예수 그리스도 안에서 믿는 자들의 영적 조화를 믿는다(로마서 8:9, 고린도전서 12:12~13, 갈릴리서 3:26~28).

7. 우리는 성령의 임재로 그리스도인들이 성화된 삶을 살 수 있게 하는 성령의 역사를 믿는다.

· 참고 : 학교를 후원하는 교회들은 보통 나름대로 신앙 진술서를 가지고 있다. 위의 내용을 샘플로 사용할 수도 있다. 단약 학교가 교회에 의해 후원된다면 교회의 신앙 진술서를 사용하는 것이 일반적이다.

교육의 철학

(학교명) 학교는 모든 진리는 하나님의 진리이고, 성경은 영감에 의해 기록되었으며, 이 진리를 포함하는 졸대 무오한 하나님 말씀이라는 하나님 중심의 관점에 그 기초를 두고 있다. 하나님은 모든 것을 창조한 분이시고 그 피조물들은 그분에 의해 유지된다. 따라서 우주와 인류는 역동적으로 하나님과 관련되어 있고 그분의 영광을 드러내야 하는 목적을 지닌다. 인간은 근본적으로, 죄인이기에 자신의 힘으로는 하나님을 알지 못하고 그분께 영광 돌리지 못한다. 사람은 그의 아들을 통해 주시는 구원이라는 거저 주신 선물을 선택함으로 그분께 영광 돌릴 수 있고 이로써 그의 전 삶을 주인인 예수 그리스도께 헌신할 수 있게 된다.

우리의 사회적 목표는 삶과 세계에 대한 기독교적 관점을 나타내는 것이다. 이 기독교적 관점은 균형 잡힌 인격과 안목을 가지게 하며, 집, 일터, 놀이터, 그리고 예배에서 삶에 대한 각자의 역할을 이해하고 받아들일 수 있게 해준다. 이 모든 일은 '사랑'을 바탕으로 이루어진다.

이러한 교육 철학은 최고의 통합된 교과 과정과 자료를 사용하여 학생들이 창조적이고 비관적인 사고의 기술을 익힐 수 있게 도와 주며, 학생들의 에너지를 높은 학문적 수준까지 끌어올릴 수 있도록 이끌어 준다. 이러한 교육 프로그램의 목표는 전문대학, 대학, 혹은 직업 훈련으로 이어지는 2차적 교육과정을 잘 수행할 수 있도록 돕는 것이다.

학생들에 대한 우리의 책임은 영적, 정신적, 지적, 육체적, 사회적, 그리고 감정적인 영역까지 포괄한다. 이것들은 분리되어질 수 없고, 모든 것들은 영적인 실로 연결되어야 한다. 그러므로 성경을 따로 분리해서 가르치거나 지적인 부분에만 치중하는 일은 분명히 피해야 한다. 그 실은 총체적인 교과 과정을 통해 엮어져야 한다.

우리가 교실 또는 학교 프로그램에서 사용하는 활동들은 우리의 기본 원리들을 촉진시킬 수도 있지만, 반대로 부정적인 영향을 미치는 부분도 있다. 분명한 사실은 영적인 부분은 모든 영역에 퍼져 있어야 한다는 것이다. 그렇지 않으면 교육 과정은 학생 중심이 아닌 교과서 중심이 될 것이다.

이 교육 철학은 학생 성장의 영역에서 학부모들과 긴밀히 협조하여야 하며, 항상 기독교 학교의 목적에 대해 이해하도록 도와야 한다는 것을 명시한다.

· 참고 : 위의 샘플을 모방하기보다는 참고로 하여 학교의 교육 철학을 신중하게 작성하라.

목적 선언문 또는 사명 선언문

모든 학교는 목적에 대한 선언문을 가지고 있어야만 한다. 이러한 선언문이 없으면 기독교 학교의 사명은 수년이 지난 후 처음에 기대했던 모습과 많이 달라질 수 있다. Derek J. Keenan 박사는 이것에 대해 간략하게 진술하고 있다. "학교는 사명과 목적이 분명히 이해되고 지지받을 때에만 교육기관으로서의 생명력을 유지할 수 있다." 학교의 사명을 잊어버렸거나 무시하는 기독교 학교는 정책과 집행 과정에서 심각한 오류를 범할 수 있다.

학교의 사명에 대한 명확한 이해와 지지가 부족해서 문제가 일어날 수 있는 두 분야는 입학과 인사이다. 기독교 학교 내에서 개개인의 성격과 특수성은 학교의 방침이 확고히 자리잡고 있지 않는 경우 짧은 시간 안에 바뀔 수 있다. 기독교 학교가 학교의 사명으로부터 벗어나거나, 한 번도 그 첫 번째 위치에 머물러 보지도 못한 채 문을 닫는 걸 보는 것은 안타까운 일이다. 다음의 세 가지 사명은 독자들이 참고할 몇 가지 시사점을 제공한다.

- 기독교 학교의 사명은 하나님의 영광을 위해 전인격적인 인간으로 교육하고 성장시키는 것이다. 학교는 신앙적 진술을 포함하는 성경적 원리를 고집해야 한다.

  기독교 학교는 기독교적 지침과 사례를 바탕으로 학생들에게 상급학교 진학 준비교육을 시켜야 한다. 학교는 학생들에게 엄격한 학문적 가르침과 도전적인 운동 및 여가 활동을 제공하고, 예술적으로 창조적인 표현을 이끌어 내도록 도와 주어야 한다.

기독교 학교는 학생들이 기독교적 관점에 따라 그들 자신과 그들을 둘러싸고 있는 세계를 이해할 수 있도록 교육하는 데 초점을 맞춘다. 이 교육 중 일부는 채플, 성경공부반, 상담과 같이 형식적인 과정에 의해서, 일부는 교사와 학생의 정상적인 학교 활동에 의해 수행될 수 있다. 중요한 것은 이 목표가 학생들을 학문적으로, 육체적으로, 정신적으로, 사회적으로, 그리고 영적으로 성장시키는가 하는 점이다. 학교는 교육자로서 능력이 있으며, 그리스도인으로 신앙이 성숙하여 삶의 역할 모델로 섬길 수 있는 교사와 지도자들을 고용해야 한다.

트리니티 기독 아카데미(Trinity Christian Academy) 사명 선언문

- 기독교 학교의 목적은 충분히 학문적인 교육을 제공하는 데 있다. 그리고 이 교육은 하나님의 권위 있고 무오한 말씀에 기초하여 하나님과 세계에 대한 기독교적 관점이 통합된 교육이다.

이 교육 프로그램은 주 예수 그리스도께 헌신된 부모의 자녀들을 위하여 짜여진 것이다. 이러한 기독교 교육의 기초 원리는 성경에 이미 기록되어 있다. 바울은 그리스도에 대하여 다음과 같은 포괄적인 의미로 기록한다. "만물이 그에게서 창조되되 하늘과 땅에서 보이는 것들과 보이지 않는 것들과 혹은 왕권들이나 주권들이나 통치자들이나 권세들이나 만물이 다 그로 말미암고 그를 위하여 창조되었고 또한 그가 만물보다 먼저 계시고 만물이 그

안에 함께 섰느니라"(골로새서 1:16, 17). 요한복음은 이렇게 말한다. "만물이 그로 말미암아 지은 바 되었으니 지은 것이 하나도 그가 없이는 된 것이 없느니라"(요한복음 1:3).

기독교 가정의 확장된 개념으로 학교는 성경적 지도 원리를 따르고자 하는 학부모들을 지원하는 위치에 있다. 이는 아이들을 성경적 원리로 교육하는 데 대한 궁극적 책임은 부모에게 있기 때문이다(신명기 6:7~8). 학습에 대한 기독교적 접근은 세속적인 접근과는 매우 다르기 때문에 기독교 학교는 하나님 중심의 삶을 살기 위한 교과 과정을 학생들에게 제공해야 한다. 이것은 하나님의 진리가 모든 진리의 기준이라는 사실에 기초한다. 자질을 갖춘 기독교 교사들에 의해 교육 된다면, 부모들은 학문적인 가르침뿐 아니라 아이들이 집과 교회에서 그리스도가 중심이 되는 생활을 할 수 있는 데 많은 도움을 받게 될 것이다.

Delaware County Christian School 사명 선언문

- 기독교 학교는 하나님의 말씀에 분명한 기초를 둔 높은 질적 교육을 제공하고자 설립되었다.

그리스도인 부모들의 기본 책임은 "마땅히 행할 길을 아이에게 가르치라 그리하면 늙어도 그것을 떠나지 아니하리라"라는 말씀에 잘 나타나 있다(잠언 22:6). 기독교 학교는 각 학생들을 하나님 말씀과 그리스도 안에서 훈련시키기 위해 설립된 기독교 가정의 확장이다. 학교의 교직원들은 양질의 교육을 제공하는 일에 헌신

되어야 한다. 기독교 학교는 ACSI에 의해 정식으로 인가된다.

Meadow Creek Christian School 사명 선언문

기독교 학교 인가

기독교 학교는 인가를 받기 위해 적극적으로 노력해야 한다. 새롭게 시작하거나 개교한 지 얼마 되지 않은 학교는 잠시 동안 이 과정을 미룰지 모른다. 하지만 인가 매뉴얼에 나와 있는 표준지침은 학교를 설립하는 데 아주 커다란 도움이 될 것이다.

인가는 자주 잘못 이해되기도 하는데, 인가는 학교가 훌륭한 수준으로 이르도록 도와주고 학교가 지속적인 평가와 발전에 도달하도록 도와주기 위해 고안된 것이다. 학교 인가를 받고 유지하는 과정은 학교의 공약이 잘 이루어지고 있다는 것을 반영하는 증표이다. 인가를 받은 학교가 갖는 큰 장점은 학교가 사명에 얼만큼 집중하는가를 평가하는 과정을 통해서 학생들이 보다 나은 기독교 교육을 받을 수 있다는 데 있다. 이에 따르는 유익은 인가받은 학교가 갖는 지위이다. 인가 과정은 학교가 지역 공동체에 대한 교육적 사명의 질을 유지하고 또 그것을 체계적으로 향상시키기 위한 헌신을 표현한다.

ACSI는 인가 기관이다. 새로운 또는 개교한지 얼마 되지 않은 학교는 ACSI의 학교 인가 매뉴얼을 기초로 학교 사명의 각 단계에 대한 기준을 연구할 수 있다. 이런 식으로 학교는 지속적으로 인가 기준에 맞추려는 노력으로 발전하고 성장할 수 있는 것이다. 인가를 고려하고 있는 보다 성장한 학교들은 이처럼 학교 인가 매뉴얼의 인가 기준

을 재검토하여 ACSI에 후보자로 지원할 수 있게 된다.

국제 학교 인가를 내어주는 다른 인가 기관들도 있다. ACSI 국제 사무소는 만약 학교가 원한다면 다른 인가 기관에 소개시켜 줄 수도 있다. 몇몇 학교들은 ACSI와 또 다른 인가 기관과 협력해 인가 받기를 원할 수도 있는데, ACSI는 다른 지역 또는 국제기관과의 협력 인가 승인을 가지고 있다. 만약 학교가 협력 인가 계획을 진행하기를 원한다면 다른 인가 기관의 이름을 명시한 공식적인 지원서를 ACSI의 사무실로 보내야 한다. 지원서는 지원할 인가 기관에 맞게 따로 만들어야 한다.

협력 인가는 특히 방문위원회의 의장 선출, 그리고 인가 기간의 길이와 관련하여 ACSI의 학교 인가 매뉴얼에 기술되어 있는 진행 절차에 약간의 변호를 필요로 한다는 점에 주의해야 한다. 인가를 받으려면 많은 노력이 필요하지만, 그것은 매우 가치 있는 일이다. 학교 설립 과정에 필요한 자료 제출을 위해서 스스로 연구하는 작업은 필수적이다. ACSI 인가 과정은 다음과 같다.

지원 - 입후보

1. ACSI의 인가 관련자료(800-367-0798 또는 719-594-4621)를 구한다.
2. ACSI의 표준 항목을 검토하고, 각 표준 조항이 학교와 잘 조화될 수 있는지를 결정한다.
3. ACSI 사무소에 후보자 지원서를 제출한다.
4. 후보자로서의 입회가 허락되면, 3년간 후보자의 지위가 보장된다.

5. ACSI의 자문이 지원된다.

자체 연구 - 방문위원회

1. 학교는 자체 연구위원회를 구성한다.
2. 자문단과 학교는 ACSI 방문위원회를 위한 일정을 수립한다.
3. 위원회는 자체 연구를 관리하고 평가 기준 항목을 완성한다.
4. 학교는 그 항목들을 손질하여 승인한다.
5. 자체 연구 계획과 우선순위를 정립한다.
6. 통계 및 근거 자료에 근거해 자료를 편찬한다.
7. 각 방문위원회 위원들에게 자체 연구 결과를 보낸다.

ACSI 방문위원회의 역할

1. 방문위원회 위원들은 학교를 시찰한다.
2. 방문위원회는 자체 연구 항목들을 검토하고 위원들에게 배당한다.
3. 학교의 운영 및 시설에 대해 점검하고 자체 연구 스텝진들과 면담한다.
4. 각 자체 연구 항목들과 각 교육 영역에 대한 보고서를 작성한다.
5. 학교에 대한 보고서를 종합하여 그 결과를 정리한다.
6. 국제 인가 위원회에 대한 추천서를 작성한다.
7. 학교 교직원과의 최종 인터뷰를 토대로 총괄적 자문 의견을 전달한다.
8. 방문위원회 의장은 ACSI 국제 사무소에 보고서 및 자체 연구 결과

를 제출한다.

ACSI 국제 인가위원회의 역할
1. 방문위원회의 보고서 및 추천서를 바탕으로 인가위원회를 구성해 이를 검토한다.
2. 위원회는 ACSI 표준 사항에 적합한지를 자체 평가로 확정한다.
3. 학교에 대해 인가 및 현 상태에 대한 평가를 실시 한다.
4. 국제 인가위원회 부회장의 비서실은 위원회의 결정을 학교에 통보한다.
5. 방문위원회 보고서 사본을 학교에 송달한다.

인가 이후의 책임
1. 학교는 방문위원회의 보고서와 자문 내용을 토대로 학교 운영을 위한 연구를 해야 한다.
2. 학교는 방문위원회의 자문과 자체 연구를 바탕으로, 계획과 행동절차의 우선순위를 다시 결정한다.
3. 학교는 매년 보고서를 국제 인가위원회에 제출해야 한다. 보고서는 방문위원회의 자문 내용과 활동이 기록되어야 하며, 중요한 개선점은 계획과 우선순위와 일치되어야 한다.
4. 학교는 인가 기간의 중간 시점에 중간 보고서를 제출해야 한다. 중간 보고서에는 방문위원회의 모든 자문 내용에 상응하는 학교의 개선 방안과 주요 성과들이 기록되어야 한다.

5. 학교는 자문 내용을 충족시켜야 하며, 학교의 행동과 인가와 관련된 새로운 요구사항을 잘 고려해야 한다.

그리스도인 교사들은 진리에 대한 기독교적 관점을 어떻게 적용하여야 하는가?

1. 오직 하나님을 경외함과 온전한 그의 인도하심 안에서만 지적인 만족을 추구하라.
2. 성경의 확실성과 초자연적 존재를 증명하려고 노력하기보다 믿음을 통해 받아들이도록 하라.
3. 과학이나 문화 및 삶의 철학과 관련된 영역을 지도할 때는 하나님 말씀의 절대성으로 가르치라.
4. 진리는 영원하며, 경험해야 아는 것이 아니라 모든 이에게 적용된다는 사실을 확실히 가르치라.
5. 과학적 방법론은 물질적 영역에서조차도 제한하여 사용하고, 도덕과 정신적인 영역에서의 사용은 금하도록 하라.
6. 올바른 가설로부터 시작해 올바른 결론에 이르도록 학생들을 지도하라. 의심으로부터 시작해서 탐색으로 마무리되는 상대주의적인 사고에서 벗어나도록 하라.
7. 육일 창조에 대한 하나님의 말씀을 기초로 하여, 과학적인 증거들은 말씀을 지지하는 것이지 말씀을 대신할 수는 없다는 사실을 가르치라.
8. 화석 발견과 같은 자연의 역사에 대한 지식 자원을 인정하고, 왜곡

된 해석으로 잘못 사용해서는 안 된다. 명확한 지식이 결여된 곳에는 하나님이 계획하시고 허락하시는 사실에 한해서만 설명되어지는 경우가 나타나게 된다.
9. 문화, 전통 또는 정치적인 성향은 진리가 아니라 단순한 성향으로 취급하라.
10. 옳음과 그름에 대해 인본주의적인 관점이 아니라 하나님의 말씀에 기초한 권위만이 절대적인 것임을 가르치라.

어떻게 하나님께 영광 돌리며, 자신에 대한 올바른 자아관을 가지도록 지도할 수 있는가?

1. 성적이나 학문적 업적을 지나치게 강조하지 마라. 대신에 학생들, 교사들, 부모들이 학생들의 성장에 공유할 수 있는 평가시스템을 갖추라.
2. 개개인의 마음에 올바른 가치를 심어 주고, 그 원리를 사용해 취향의 문제인지 선택의 문제인지 구분할 수 있게 가르치라.
3. 유명인과 그들의 업적에 지나친 관심을 부여하는 일에 주의하라.
4. 인종, 종교, 관습이나 재능으로 사람을 차별하지 않도록 하라.
5. 지식과 인격은 서로 다른 것이며, 지식이 인품보다 중요하지 않음을 신중하게 인정하게 하라.
6. 학생들에게 하나님을 공경하고, 하나님에게 인정받으며, 스스로 겸손해야 함을 가르치라.
7. 학생들에게 하나님에 대한 바른 지식과 그들을 향한 하나님의 사

랑을 가르치라.
8. 우주의 기원과 관련해 전폭적으로 하나님께만 영광을 돌리게 하고, '어머니 자연' 등과 같은 용어 사용은 피하도록 하라.

어떻게 인간의 타락한 본성을 성경의 진리에 적용할 것인가?

1. 수업시간 뿐 아니라 수업 외 시간에도 학생들의 행위를 지도 감독하라.
2. 저속한 표현, 정도를 넘는 성교육, 마약 등 타락된 본성으로 유입되는 잘못된 영향들로부터 학생들을 보호하라.
3. 올바른 태도로 오류를 파헤치도록 하라. 오류에 대한 지나친 비판은 학생들로 하여금 그것을 믿고 있는 사람들에 대한 경멸을 가지게 할 수 있다. 또한 학생들에게 오류에 대한 바람직하지 못한 흥미를 유발할 수도 있다. 그 사람들은 자신들의 선택과 하나님의 선택 사이에서 결정한 것이지, 환경의 산물이 아님을 가르치라.
4. 하나님의 진리는 타락한 인간의 실험정신을 자극해서 알게 하는 것이 아니라 경건한 하나님의 계시로 가르치라.
5. 예수 그리스도와 그의 구속 사역을 쉬지 말고 찬미하라.

어떻게 하나님에 대한 올바른 인식을 학생들에게 심어줄 수 있는가?

1. 권위를 가지고 가르치라. 실험을 사용하되 진리를 증명하기 위해서가 아니라, 설명하기 위해서 사용하라.
2. 환경이 잘 정비된 학급에서 교육하라.
3. 오래되고 안정된 가치들을 존중하라.
4. 전통적으로 검증된 강의, 낭독, 암기, 토론, 질의응답 등 다양한 교육 방법들을 동원하라.
5. 학문의 중요성을 강조하라.
6. 올바른 훈련 과정들을 도입하라.
7. 경험, 감각, 느낌과 접촉보다 듣기, 이해하기, 인지하기와 순종을 더 강조하라.

아동교육에 필요한 교사의 필수적 자질은 무엇인가?

1. 가장 우선되고 중요한 자질은 교사의 영적 수준, 영적 충성심과 신실함과 교회생활의 모범성이다.
2. 학급 지도에 있어서 학문적 능력과 교수 방법의 탁월성을 구비해야 한다.
3. 교직원과 학부모들과 더불어 화합하고 협력해야 한다.
4. 섬김의 훈련에 대한 충분하고도 올바른 반응을 가지고, 경험이 풍부한 감독자의 감독 아래 일하라. 부족한 교수법을 보충하기 위해서 열심히 노력하라.

우리 학교가 사회에 공헌을 하고 있는지를 어떻게 알 수 있는가?

학교가 사회에 공헌하고 있는지의 여부는 배출한 학생들을 통해서 드러난다. 학교는 아래의 덕목들을 실천하는 법을 배운 학생들을 배출해야 한다.

1. 훌륭한 이해력을 가지고 독서를 잘한다.
2. 분명한 표현으로 이해하기 쉽게 글을 쓴다.
3. 수학적 요소을 능숙하게 활용할 수 있다.
4. 올바른 가설로부터 시작해 정확한 결론에 이르도록 논리적으로 사고한다.
5. 역사, 지리와 과학의 개념을 실제적 삶에 적용할 수 있다.
6. 사회적으로 순응하는 능력을 보여준다.
7. 권위에 대해 존경하고 감사한다.
8. 절대적 가치를 수용한다.
9. 성경적 진리에 대한 경외감, 탁월한 인식과 열정을 가지고 있다.
10. 하나님을 향한 개인적 소명을 인지하고 있다.
11. 마음과 영과 몸과 뜻을 다하여 하나님을 사랑한다.
12. 성경적 진리를 늘 훌륭하게 표현하며, 목사, 교사, 선교사들처럼 주를 섬기는 훈련을 이해하고, 잘 교육되고 헌신적이다.

조직 체계

학교를 어떻게 조직할 것인가의 문제는 매우 중요한 일이다. 설립 책임자와 위원회는 이에 대한 계획을 세우고, 이를 문서화 하여야 한다. 학교위원회는 교장을 보조할 위원회나 그룹들을 조직하여 필요한 모든 과업을 수행하도록 할 필요가 있다.

- 1. 학교 위원회의 직무를 기술한다.
- 2. 교장의 직무를 기술한다.
- 3. 영적 회복과 책임성에 합의한다.
- 4. 아래의 목적을 달성하기 위한 위원회나 그룹을 조직한다.

    1) 재무관리, 예산
    2) 교과 과정
    3) 교직원 구인과 홍보
    4) 비품과 가구의 구매
    5) 시설 구비와 수선
    6) 정책, 규칙과 규제사항
    7) 철학, 목적, 범위, 그리고 정관
    8) 기도

학교위원회의 직무 (체크리스트 1)

권위가 주어지는 어떠한 조직이라도 과업에 대한 명확한 이해와 목표와 기능에 대해 각 사람의 특별한 업무에 대한 권위의 한계를 분명하게 할 필요가 있다. 이러한 원칙은 학교의 위원회에도 적용할 수 있으며, 이 때 우리는 목적과 기능에 합의하기 위해 몇 가지 검토할 점이 있다. 아래의 질문들은 학교의 위원회를 구성하기 위하여 먼저 검토되어야 하는 사항들이다.

- 결정을 내려야 할 때, 주님의 원칙을 먼저 구하는 것을 전제로 한 만장일치나 다수결의 원칙에 기초하고 있는가? 다수결의 원칙에 기초한다면, 통과를 위한 찬성표의 비율은 어느 정도인가?
- 위원회가 결정해야 할 정책들은 어떤 것들인가?
- 위원회가 결정할 필요가 없는 정책들은 어떤 것들인가?
- 위원회에 참여하기 위하여 어떤 자격을 갖추어야 하는가?
- 누가 의장을 담당하는가? 의장의 임기는 얼마나 되는가?
- 위원회는 주님으로부터 부르심을 받았다고 생각하는가?
- 어떤 모임이나 실행위원, 위원회 등과 관련하여 위원회 위원들의 의무는 무엇인가?
- 위원회의 재무적인 책임과 채무는 무엇인가?
- 위원회의 영적인 책임자는 누구인가?

· 참고 : 위의 질문들에 답해 가면서, 기록하며, 합의하고, 그 대답에 확신이 서도록 하나님의 인도하심을 구하라.

기획이 계속될수록 다른 의문점들이 발생할 것이다. 위원회는 책임의 범위에 대한 결정을 내릴 수 있다.

모든 정책들은 정책 매뉴얼에 기록되어야 한다. 이 정책들은 학교의 운영에 기초가 되는 원칙들이 될 것이다. 따라서 정책들은 매년 재검토되어야 한다. 위원회가 새로운 정책들을 만들 때마다, 빠짐없이 정책 매뉴얼에 기재해야 한다.

교장의 직무 (체크리스트 2)

학교 교장의 책임은 권위와 함께 주어진다. 교장이 효과적으로 업무를 수행하기 위해서는 책임의 범위가 권위의 전제 위에 규정되어야 하고, 위원회와의 관계가 명확해야 한다. 따라서 교장이 위원회의 일원이 되는 것이 바람직하다. 위원회에서 의결권을 갖는지의 여부와는 무관하게, 교장은 위원회에 빠짐없이 출석하는 것이 바람직하다. 교장은 위원회의 결정에 대하여 책임이 있기 때문에, 그 의견은 공유되어야 하고, 정책 결정 과정에 참여해야 한다. 아래의 항목들은 교장의 업무에 대해 기술한 사항들이다.

- 교장이 어떠한 종류의 결정을 내려야 하는가?
- 교장은 어떠한 종류의 결정을 내릴 수 없는가?
- 교장은 어디까지 책임을 져야 하는가?
- 교장이 수행할 것으로 기대되는 특별한 업무는 무엇인가?

영적 회복과 책임성 (체크리스트 3)

기독교 학교는 여러 면에서 영적 회복과 지원이 필요하다. 학교가 위원회 이외의 외부인으로부터 기도 지원이나 상담, 조언을 필요로 할 때 교장과 위원회는 도움을 얻을 사람을 선택해야 한다. 기독교 학교의 비전을 온전히 지원해줄 목사나 영적인 지도자들에게서 교장이나 위원회는 영적인 충만함을 회복할 수 있다.

운영 그룹 (체크리스트 4)

기독교 학교의 설립 과정에는 많은 책임과 요구사항들이 존재하므로, 한 사람의 힘으로 기독교 학교를 설립하는 것은 불가능하며 많은 사람들과 함께 과업을 수행해야 한다. 그러므로 가장 최선의 방법은 위원회를 각기 다른 분야에서 책임을 지고 과업을 수행해 가는 그룹들로 조직하는 것이다.

위원회에 되도록 많은 사람들을 동참시켜 운영 그룹으로 조직해야 한다. 이러한 과정은 각 사람들에게 소속감과 함께 책임감을 부여할 수 있다. 각 그룹은 부여된 과업에 대하여 최종적인 권위를 가지고 있지는 않지만 그들은 아이디어를 생산하고 의문점을 발전시켜 전체 위원회의 회의에 정리된 제안을 해야 한다. 이러한 운영 그룹들의 활동은 유기적인 관계를 유지하는 기회도 제공한다. 구성원들은 서로의 의견에 귀기울이고 한마음으로 일해야 한다. 이러한 과정에서 기도는 빼놓을 수 없는 핵심적인 요소이다.

기독교 학교를 위한 조직 형태와 설립 절차

이 부분은 ASCI 집행위원회에서 승인된 것으로, 기독교 학교의 규모와 연혁과는 무관하게 모든 학교에서 적용될 수 있는 조직의 형태와 설립 절차에 관한 정보들에 대해 언급하고자 한다. 각 질문과 답변은 각기 다른 상황에 처한 기독교 학교들의 특수한 문제들을 고려하여 실행되어야 할 것이다. 그러므로 아래의 질의응답은 부분적으로만 고려되어야 하며, 맹목적으로 이를 적용해서는 안 된다.

Q******** **누가 궁극적으로 학교의 사역에 대한 책임을 지는가?**
학교는 하나의 사역체로서 정관에 의하여 공식적으로 확정된 법인체가 궁극적인 책임을 갖는다.

Q*********** **기독교 학교에서 어떤 법인 형태가 일반적인가?**
대부분의 기독교 학교는 지역의 교인들로부터 후원을 받는다. 소수의 학교들은 위원회로부터 후원을 받거나 학부모로부터 후원을 받기도 한다. 학부모로부터 후원을 받는 학교들은 복음주의적인 학부모들이 위원회를 구성하고 대표를 선출하여 학교를 운영한다. 선교지에서는 선교단체에서 후원을 받아 학교를 설립한다. 국내의 학교들도 기독교 교육에 관심있는 지역 그리스도인들이나 선교단체, 교회들로부터 후원을 받기도 한다.

Q ***** **다른 형태의 학교들에서 나타나는 조직 형태는 어떠한가?**

조직 구성은 매우 다양한 형태로 나타난다. 아래 도표는 조직 구성의 한 예이다(특수한 상황에서는 수정되어 적용할 수 있다).

교회가 후원하는 학교

```
                    후원 교회
                       │
                   교회위원회 ─── 목사
                       │
                   학교위원회
     ┌─────────┬─────────┼─────────────┬─────────────┐
  홍보 소위원회  재무 소위원회         학생 & 학부모     교직원
                                     정책 소위원회   정책 소위원회
                       │
                     교장 ─────── 학부모
                       │
                    교직원 ─── 학부모/교사 친교위원회
                       │
                    학생 ─── 학부모/교사 친교
```

8. 계획을 발전시키기

교회 간 협력 후원을 받는 학교

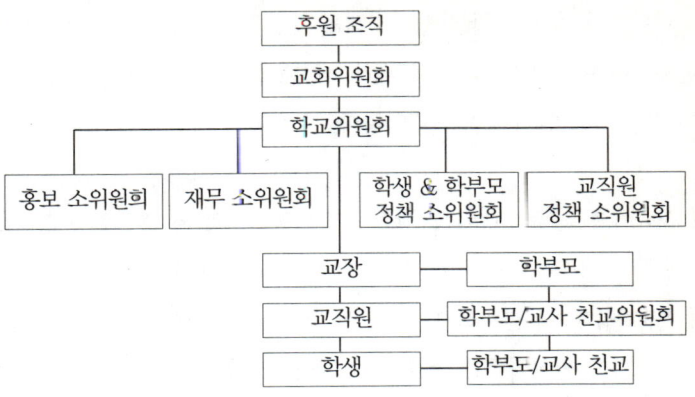

• 참고 : 위원회, 소위원회들은 상기 도표에 기술된 것과 다르게 조직될 수도 있다. 일반적으로 상기의 위원회들은 반드시 조직되어야 하며, 필요에 따라 추가될 수 있다.

다른 교회학교 조직 프로그램

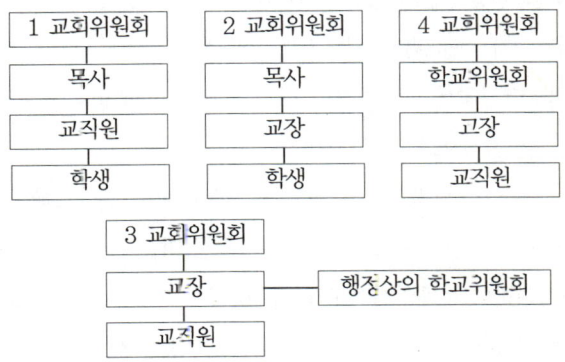

기독교 학교의 위원회 조직

대부분의 기독교 학교에는 정책을 개발하고 발전시키는 위원회가 존재하며 합법적으로 학교에 대해 책임을 진다. 이러한 위원회 형태는 학교 설립 양태에 따라 다양하다.

1. 교회의 후원을 받는 학교 : 교인들에 의하여 선출된 위원회가 정책을 만들고 교장을 선출하며 학교의 재무 보고에 대하여 책임을 진다.
2. 위원회의 후원을 받는 학교 : 선출된 위원회가 정책을 만들고 교장을 고용하며 학교의 재무 상황을 감찰한다. 위원회는 영속적이며, 새로운 위원은 기존 위원회에서 선출된다. 보직이 순환되기도 한다.
3. 학부모의 후원을 받는 학교 : 많은 학부모들이 그룹을 이루어 그룹 내에서 위원회를 선출하고 학교를 조직한다. 위원회는 일반적으로 순환직이다.
4. 선교단체의 후원을 받는 학교 : 선교를 목적으로 설립되며 선교단체에서 위원회가 선출된다. 일반적으로 위원회는 영속적이며 순환하는데, 선교단체에서 교체하기 전까지 임무를 수행한다. 종종 선교사가 선교를 목적으로 조직하기도 한다.

위와 같은 다양한 목적으로 학교가 설립되지만, 단지 그리스도인들의 자녀들을 양육할 목적으로 설립되기도 하며, 때로는 비그리스도인 가정의 자녀들에게 개방하기도 하다. 몇몇 학교들은 주로 선교사들의 자녀들을 위해 설립되기도 한다. 물론 이럴 경우 선교사 가정을 섬기는 데 목적이 있지만, 지역 사람들에게 학교를 개방하기도 한다.

학교는 어떠한 경우에도 설립 목적을 잊지 말아야 한다. 위원회는 분명한 목적을 가지고 학교의 철학을 발전시켜 나가야 한다. 이러한 노력이 학교의 조직을 결정하게 된다. 만약 학교가 비그리스도인 가정에도 개방되어 있다면, 비그리스도인 가정의 학생의 비율을 정하는 것이 중요하게 된다. 몇몇 학교들은 사회에 개방되어 학생들과 그들의 가정을 예수께로 인도하고자 하지만, 다른 학교들은 그리스도인 가정의 양육을 보조하고 지원하는 목적을 가지고 있다. 또한 다른 학교들은 두 가지 목표를 동시에 실현하고자 하는데, 이 때 학교를 기독교 학교로 유지하기 위해 그리스도인 가정의 비율을 높게 유지하는 것이 필요하다.

위원회의 기능

위원회의 주요한 기능은 법인체의 설립 목적을 달성하기 위해 각종 업무를 수행하는 것이다. 위원회는 법인으로부터 주어진 정관에 따라 법인 대신에 위원회의 정책을 수립함으로 이같은 임무를 수행한다. 위원회는 수립된 정책의 실행과 계속되는 행정상의 결정을 최고 책임자, 즉 교장에게 위임한다. 학교위원회의 주된 기능 중의 하나는 학교의 기독교적 사명과 위원회가 세운 기본 정책의 목표를 달성하고자 하는 자신감으로 충만한 교장을 고용하는 것이다.

아래의 질문들과 답변들은 각 학교의 특수한 상황에 맞게 수정하여 적용할 수 있을 것이다. 아래의 사항들은 필수적인 사항들은 아니며 참고 자료로 고려할 만하다. 각각의 경험과 필요에 맞게 아래의 사항들을 해석하는 접근법이 필요하다.

Q ************* **교장과 학교위원회의 관계는 어떠해야 하는가?**
교장은 위원회의 행정상의 책임자이고, 위원회가 수립한 정책을 방향성 있게 추진하는 대표자이다. 교장에 대한 위원회의 가장 이상적인 태도는 존경과 신뢰이다. 이같은 태도가 결여된다면 이후의 업무를 수행 할 때 희망이 별로 없다. 상호존중과 신뢰는 효과적인 학교 시스템을 운용하는 모든 단계에서 전제로 하는 필수적인 항목이다.

학교의 최고책임자로서 교장의 권위는 위원회로부터 위임된 책임에 비례할 것이다. 모든 성공적인 교장의 뒤에는, 기도로 교장을 후원하고 내외부적으로 전적인 지원을 아끼지 않는 위원회가 있음을 기억해야 한다.

Q ******************************** **학교위원회에 지침이 되는 정관에 꼭 포함되어야 하는 특별한 항목은 무엇인가?**
정관은 사명을 실현하기 위하여 위원회가 수행해야 하는 많은 항목들을 기술하고 있다. 만약 학교가 교회의 후원으로 설립된다면 그 정관은 교회의 위원회에 의해 수립될 것이다. 독립적인 기독교 학교의 위원회는 어떠한 권위도 위임받지 못한 상태에서 스스로의 정관을 수립할 것이다. 학부모 단체의 후원으로 설립된 학교는 그들에 의해 선출된 위원회를 통해 정관이 수립될 것이다. 교회가 후원하지만 교회와 분리되어 설립된 학교라면 교회의 위원회와 학교의 위원회가 공동으로 구성될 수 있다. 교회의 위원회는 전반적으로 학교의 영적인 기준에 대하여 주로 고민할 것이다. 선교단체의 후원을 받는 학교의 정관은 그 선교단체가 수립할 수 있다.

그런데 학교 조직이나 목적에 상관 없이 학교의 정관은 다음과 같은 항목들을 포함해야 한다.

- 학교의 명칭
- 학교의 영적 목표와 각 위원과 교직원이 서명한 신앙 진술서
- 학교의 교육 목표
- 상하위 체계를 보여 주는 학교의 조직 구성도
- 위원회 구성원의 선출과 임명에 관한 절차와 각 위원들의 직무 설명, 위원의 해임 요건
- 직원의 고용과 해임 절차
- 정관의 수정 절차

Q ******************************* 기독교 학교위원회의 위원이 되고자 하는 이들은 어떤 사항들을 눈여겨 보아야 하는가?
위원회의 역할을 수락하기 전에 학교의 사명과 조직 구성, 연혁, 위원회의 법적 책임, 위원들의 임기, 교장의 업무 스타일 등을 완전히 이해해야 한다.

Q **** 기독교 학교위원회의 위원들에게 어떤 역할이 기대되는가?
위원회의 위원들은 다음 항목에 책임감을 가져야 한다.

- 학교의 영적 사명과 교육적 사명을 감당하는 기도를 해야 한다.
- 학교의 위원회 모임에 전심으로 참여해야 한다. 위원회는 불참에 대한 한계를 정한다.
- 학교와 긴밀한 관계를 유지하고 1년에 적어도 두 가지 이상의 역할을 감당해야 한다.
- 지역이나 국가 내의 각종 회의나 박람회를 통하여 일반적인 학교들과 긴밀한 관계를 유지해야 한다.
- 위원회의 정보를 기밀로 유지해야 한다.

Q *********** **위원회 구성원의 자격 요건과 임기는 어떠한가?**
위원회의 구성원은 거듭난 신앙인으로 하되 디모데전서 3장 1절의 요건을 갖춘 자로 한다. 만약 학교가 교회에 의해 설립되었다면, 그들 중 활발한 활동을 하는 그리스도인 중에서 위원을 선출하게 될 것이다. 다른 형태의 학교들은 위원회와 교회와의 관계를 고려해야 할 것이다. 위원회나 학교의 직원들은 의결권이 없는 직권상의 겸직만이 가능하다.

많은 위원회 구성원들이 매우 가치 있는 일을 하기 때문에, 몇몇 학교들은 두 차례의 3년 임기 후에는 1년의 휴식기를 가지는 것이 현명하다는 것을 발견했다. 이것은 위원회에 새로운 활력을 불어넣는 은혜로운 방법이다.

Q ************************** **위원회의 위원들이 교장의 업무에 이의를 제기하려면 어떤 절차를 따라야 하는가?**

교장에게 즉각적으로 문제를 제기해야 한다. 다른 모든 사람들처럼 교장도 인간적인 실수를 저지를 수 있다. 누구도 완벽하게 흠이 없을 수는 없다. 도움이 되는 건설적인 비판은 언제든지 환영받는다. 교장과의 일대일 면담이 상황을 더욱 깊이 이해할 수 있게 해줄 것이다. 대부분의 염려는 개별적인 면담 정도로도 해결될 수 있다.

그러나 교장이 문제를 해결하지 못한다면, 위원들은 위원회의 의장에게 문제를 제기해야 한다. 위원회의 의장과 위원들, 교장은 문제를 해결하기 위해 토론 시간을 가져야 하고, 이 회의에서 전체적으로 문제가 다루어져야 한다. 마태복음 18장에 주어진 성경적인 원리로 문제를 해결해 나가야 한다.

Q ************************** **위원회 위원들은 교사와 관계된 불만을 털어놓는 학부모에게 어떤 태도를 보여야 하는가?**

만약 학부모가 교사에 대하여 이의를 제기한다면, 위원들은 마태복음 18장의 문제 해결 방법으로 쉽게 설명해줄 필요가 있다. 마태복음 18장의 원리는 학부모들이 교장에게 문제에 대하여 이야기하기 전에, 그 교사와 먼저 이야기하도록 요구하고 있다. 만약 이러한 방식이 문제를 해결해 주지 못한다면, 이 문제에 대하여 깊이 기도하면서 학교 조직의 상위 구조에서 이 문제를 다루어야 한다. 이것이 대인관계의 문제나 오해를 해결하는 주님의 방법이기 때문이다.

Q********** **위원회에서 다룰 의제는 어떤 형식이 바람직한가?**
아래의 예시는 위원회 의제에 대한 것이다. 이는 단지 참고용이며, 학교의 위원회는 스스로의 양식을 작성할 수 있다.

> ○○기독교 학교 위원회 회의
> ○○년 ○○월 ○○일
>
> 1. 말씀과 기도
> 2. 의제 승인
> 3. 이전 회의록 낭독
> 4. 회계 보고
> 5. 교장의 업무 진행 보고
> 6. 기존 사업 논의(필요하다면 위원들의 활동 내용을 날짜별로 보고)
> 7. 새로운 사업 논의(토의 또는 결정해야 할 새로운 사업에 대한 논의)
> 8. 폐회 : 차기 회의 일정 논의

Q********************* **누가 위원회의 의제를 준비하는가?**
이는 위원회 의장의 과업이다. 그러나 의장은 일반적으로 의제가 위원회에서 다루어지기 전에 이에 대하여 교장과 충분히 협의하고 합의된 사항을 반영한다. 대부분의 교장들은 그 달의 의제로 다루어질 만한 사항들을 잘 알고 있다. 위원회 전에 교장은 위원회 의장과 함께 추가해야 할 다른 의제가 없는지 검토할 것이다.

Q ************************** 위원회 위원들이
학교의 문제를 다루는 데 있어서 가져야 할 윤리적 태도는 무엇인가?

- 위원회는 교장의 출석 없이 진행되어서는 안 된다. 교장은 위원회에서 없어서는 안 될 인물이다. 교장은 학교의 운영에 대하여 잘 알고 있으며 학교의 문제에 대하여 누구보다도 깊이 관여되어 있다. 교장은 문제를 파악하는 넓은 시야를 제공할 수 있으며, 위원회에서 논의될 거의 모든 문제에 대하여 잘 이해하고 있다. 그러나 교장의 급여나 교장이 사적으로 관련된 다른 문제를 논의할 때는 예외가 될 수 있다.

- 교장의 책임을 물을 때에는 공정한 태도로 문서화 하여 제출해야 하며 교장은 이에 대하여 개선할 수 있는 기회를 가져야 한다. 만약 교장의 성과가 개선된다면 상급을 받게 될 것이나, 이후 업무 수행 능력이 의심되어 해임하고자 할 때에는 안정적인 학교 운영을 위해 적어도 학기 종료 3개월 전에 해임을 통보해야 한다. 교장이 해임될 것이라는 사실을 사전에 미리 알게 된 뒤에 해임 절차가 진행되어야 할 것이다.

- 위원회의 위원이 개별적으로 교장, 교사나 직원에게 지시를 내려서는 안 된다. 위원회의 위원들은 행정적인 집행권이 없다. 그들은 교장을 통해 일할 뿐이다.

- 학생이나 직원의 중차대한 문제를 다룰 때에는, 신앙심에 기초해 이해하려는 태도로 임해야 한다. 심사 후에 결과적으로 제적이나 해고 등의 조치가 내려질 때라도 잘못을 저지른 이들이 교장이나

위원회의 결정이 공정했다고 생각할 수 있어야 한다.
- 학교의 재정은 목적에 적합하게 사용해야 한다.
- 모든 일을 하나님의 방식대로 행하는 것이 옳다. 기독교 학교는 세속적인 사업체가 아니라, 예수님의 영광된 이름 안에서 하나님의 사람들에 의하여 운영되는 믿음의 조직이다. 하나님의 일은 하나님의 방법으로 하나님의 사람들에 의해 수행해야 한다.

에베소서 4장 1~3절은 우리에게 다음과 같이 권면한다.

"그러므로 주 안에서 갇힌 내가 너희를 권하노니 너희가 부르심을 받은 일에 합당하게 행하여 모든 겸손과 온유로 하고 오래 참음으로 사랑 가운데서 서로 용납하고 평안의 매는 줄로 성령이 하나 되게 하신 것을 힘써 지키라."

위의 글은 Dr. Paul A. Kienel이 작성함.

집행 회의에 관한 정책

위원회는 계획된 회의 일정 동안에 매우 민감한 문제들을 다루게 된다. 그것은 전 직원의 문제에서부터 학생 문제, 학부모 문제까지를 포함한다. 어떤 문제가 발생할 때 위원회는 집행 회의를 소집할 수 있다. 이 회의에는 전 위원들이 참석해야 하며 교장과 위원회가 출석을 요구하는 특정 개인들도 참석해야 한다. 교장의 평가, 교장의 급여나 상여 등과 관련된 회의라면 교장은 참가하지 않을 수도 있다.

집행 회의에서 공식적인 사업이 수행되는 것은 아니며, 직면한 문제를 논의하게 된다. 집행 회의가 재소집되고, 결정된 사항을 위원회

서기가 공식 문서로 작성하면 공식적으로 결과를 발표할 수 있다.

소위원회

대부분의 학교는 소위원회를 세워 각 활동들에 대한 구체적인 계획을 수립해야 한다. 어떤 위원회는 소위원회에서 섬기는 위원들만이 위원회에서 활동할 수 있다. 그러나 어떤 위원회는 외부 인사들을 포함시켜 소위원회를 확장시키기도 한다. 소위원회의 구성원들은 선출로 뽑지는 않지만, 신앙적인 자격 요건을 골고루 만족시켜야 한다. 각 소위원회의 의장은 위원회의 위원 중에서 선출한다.

소위원회는 다음과 같은 영역을 포함할 수 있다(더 작은 학교는 적은 소위원회로 더 많은 부분을 담당할 수도 있다).

1. 교육
2. 재정
3. 시설
4. 대외 홍보
5. 장기 계획
6. 교통
7. 학생 활동 소위원회
8. 응급조치, 입학과 관련된 특별 위원회

각 소위원회는 독립적으로 활동하며 소위원회 의장은 정기 모임에 대해 문서로 위원회에 보고해야 한다. 위원회 위원이 아닌 소위원회 구성원들은 출석 요구가 없는 한 위원회에 참석할 필요는 없다.

소위원회 구성원들의 자격 요건

1. 소위원회의 의장은 위원회 위원 중에서 맡는다.
2. 거듭난 그리스도인만이 소위원회에 참여할 수 있다.
3. 소위원회의 임기는 1년이다.
4. 소위원회 구성원은 학교에 관심이 있는 사람으로 선출한다.
5. 모든 소위원회 회원은 위원회에서 승인을 받아야 활동할 수 있다.
6. 교육 소위원회는 학교위원회의 위원들로만 구성한다.

위원회의 윤리강령

학교위원회의 위원들이 윤리강령에 의해 통제받는 것은 매우 중요한 일이다. 학교의 정책과 절차 안에서 규정에 맞는다고 할지라도 비윤리적으로 행동할 수도 있기 때문이다. 그러므로 위원회의 위원들에게는 합법, 비합법의 경계를 넘어 윤리적 실천이 요구된다.

위원회 위원들에게는 다음과 같은 사항이 요구된다.

1. 위원회에 성실한 태도로 참석해야 한다. 참석이 불가능하다면 위원회 비서나 의장에게 미리 알리고 회의와 관련된 자료를 검토해야 한다.
2. 회의의 의제를 살피고 전 회의에서 논의된 사항을 검토하고 관련된 자료를 꼼꼼히 읽고 회의에 참석한다.
3. 본인의 재능과 시간을 기꺼이 바치고 학교를 위해 기도해야 한다.
4. 학교의 교장에게 학교 문제에 대해 직접적이고 적절하게 질문하고 비판한다.

5. 학교의 직원들을 지속적으로 추천한다.
6. 위원회의 토론 시 부적절한 언행을 삼간다.
7. 하나님께서 주신 분별력 있는 사고를 통해 여러 문제를 배우자와 의논하고 긴밀한 관계를 유지해 나간다. 그러나 학교에 대한 기밀 사항이나 민감한 문제가 외부로 유출되지 않도록 조심한다.
8. 복음주의적인 교회의 훌륭한 일원이 된다.
9. 학교에서 가능한 한 같은 역할을 수행하는 데 우선순위를 둔다.
10. 교사를 직접적으로 비난하는 일을 삼간다. 본인의 자녀들에 관한 문제일지라도 위원회 위원들은 온유한 태도로 진실을 말하려고 노력해야 한다.
11. 학교의 운영에 너무 자주 개입하는 것을 피한다.
12. 전체 위원회를 벗어나 개별적으로 영향력을 미치는 것을 삼간다. 정관에 의하지 않고서는 오직 위원회를 통해서만 결정이 집행될 수 있다.
13. 교장에게 알리고 언제든지 위원회를 소집하라.
14. 마태복음 5장 22~24절, 18장 15~20절에 기초하여 직원들을 대하라. 예수님과 같은 태도로 가르치고 형제자매들을 대하듯 하라.

위원회의 의무와 책임

위원회의 7장 큰 책임은 학교에서 영적인 지도자가 되는 것과 학교에 대한 하나님의 뜻을 구하는 것, 그리고 하나님을 비롯한 모든 관계에서 올바른 관계를 유지하고 회복하는 것이다(갈라디아서 6장 1~2절,

야고보서 5장 12절, 20절).
1. 학교의 정책을 수립하고, 필요에 따라 추가하거나 수정한다.
2. 학교의 목적과 목표를 달성하기 위해 필요하다면 정관을 만들고 수정한다.
3. 자격 있는 교장과 교사, 교직원을 고용한다.
4. 교장, 교사, 교직원의 급여체계를 만든다.
5. 위원회를 위한 후보자를 추천하고 교회, 공동체, 협회에 소개한다.
6. 연간 예산을 작성하고 위원회, 교회, 공동체, 협회에 적용한다.
7. 수입과 지출을 예산에 맞추어 감독하고 필요에 따라 적절히 수정한다.
8. 교회, 공동체, 교사, 학부모, 졸업생, 교우들과 열린 자세로 대화한다.
9. 정부 조직과 유기적인 관계를 맺는다.
10. 학교의 미래에 대한 비전을 갖고 장기적인 계획을 수립한다.
11. 교회, 공동체, 협회를 대표하여 학교의 활동을 감시한다.
12. 요약하면, 설립 강령과 정관에 의한 학교의 모든 문제에 대한 최종적인 권위를 가지고 업무를 수행한다.

각각의 위원회 위원들은 다음과 같은 책임을 수행해야 한다.
1. 학교를 위해 신실하게 기도한다.
2. 위원회의 회의에 참석한다.
3. 소속된 위원회에 적극적으로 봉사한다.

4. 위원회의 안건에 대해 깊이 생각한다.
5. 공동체 안에서 학교를 널리 홍보한다.
6. 위원회 회의 시에 명확하고도 온유한 태도로 의견을 말한다.
7. 하나님께 하듯 다른 사람들을 대한다.
8. 위원회에서 논의된 사항들에 대해 기밀로 한다.
9. 기꺼이 지도자로 봉사한다.

학교위원회 위원들의 직무(job descriptions)

아래의 사항들은 위원회 위원들의 업무에 대한 것이다. 조직의 형태나 정관, 혹은 학교의 정책에 따라 얼마든지 변경하여 적용할 수 있을 것이다.

위원회 의장
1. 학교위원회를 이끈다.
2. 위원회 의제와 관련된 자료를 교장과 공유한다.
3. 다음과 같은 소위원회를 구성한다 : 시설, 홍보/개발, 재정, 교육, 장기 계획.
4. 직권상 모든 위원회에 참여한다.
5. 모든 위원회에 적절한 책임을 할당하고 각 위원회의 역량을 조직하여 책임 소재가 중복되지 않도록 한다.
6. 과업의 완수를 위해 미완된 모든 과업에 관여한다.
7. 새로운 위원을 지도한다.

8. 교장 및 교직원의 계약서에 사인한다.
9. 새로운 위원의 선출을 위해 추천 소위원회를 구성한다.

위원회 부의장
1. 의장의 부재 시에 전 위원회의 직무상 겸직을 포함한 의장의 전 권한을 대행한다.
2. 의장의 역할과 책임을 보조한다.
3. 의장으로부터 부여받은 과업을 수행한다.
4. 교과 과정이나 외부 활동들에 대한 성경적 원리의 해석에 특히 민감해야 한다.
5. 정책 매뉴얼을 숙지하고 수정되는 사항들에 관심을 기울이며, 이를 위원회의 업무 수행에 항상 적용한다.

비서(서기)
1. 위원회의 모든 회의에 참석하고 공식적인 사항들을 기록한다.
2. 회의록을 항상 최신의 정보로 갱신한다.
3. 모든 정책의 변화를 정책 매뉴얼에 기록하고 부의장이 매뉴얼을 갱신하는 것을 돕는다.
4. 위원회의 원활한 운영에 요구되는 모든 합의를 조정한다.
5. 모든 규정을 숙지하여 회의에 참석한다.
6. 논의가 본래 목적에서 이탈하는 일이 없도록 주지시킨다.
7. 해마다 위원들의 신앙 진술서와 필요한 문서들을 받아 놓는다.

8. 모든 위원회 회의에 참석한다.

회계

1. 학교의 재무 보고를 감독한다.
2. 학교의 현금 상황을 지속적으로 감찰한다.
3. 예산을 초과하는 지출이 있는지 살핀다. 또한 장부가 정확하게 기록되고 있는지 감독한다.
4. 위원회에 감사인을 추천하고 감사와 결산 보고서를 작성한다.
5. 위원회에 재무 보고서를 제출하고 설명한다.
6. 학교의 재무 조직과 긴밀한 관계를 유지하여 협력한다.
7. 재정 소위원회의 일원으로 활동한다.
8. 위원회, 교회, 공동체, 협회의 예산을 마련할 수 있도록 재정 소위원회와 협력한다.
9. 재정 소위원회의 의장으로 활동한다.

어떤 학교는 집행위원회에게 특정한 상황에 대한 권위를 부여한다. 집행위원회는 의장, 부의장, 비서, 회계로 구성된다. 집행위원회는 권위를 부여받아 다음과 같은 사항들을 수행한다.

1. 정책 이슈에 대해 교장의 입장에서 행동한다.
2. 심각한 원칙의 문제를 조정하고, 교장과 협력한다
3. 학부모의 항의를 조정하고 교장과 협력한다.
4. 아래의 상황과 같이 긴급한 상황에서 교사를 충원한다.

- 학교 개교 직전의 결원
- 결원으로 인한 긴급 상황

위원회를 위한 체크리스트

기독교 학교의 위원회는 하나님을 위해 봉사할 수 있는 기회를 제공한다. 위원들은 책임을 인식해야 하고 학교에 이익이 되는 방향으로 그것을 구현해야 한다. 이 체크리스트에 기재된 항목들은 이사회가 원활하게 운영되고 학교 시스템이 효율적으로 작동할 수 있도록 수행해야 하는 것들이다.

아래의 체크리스트를 검토하다 보면 몇 가지가 명확해진다.

- 모든 항목이 똑같이 중요한 것은 아니다.
- 많은 항목이 동시에 적용될 수 있다.
- 몇 가지 항목들은 다른 것들보다 더 장기간에 걸친 것이다.
- 항목을 완수하기 위해 기도와 협력, 여러 사람들의 많은 노력이 필요하다.
- 그 지역 사회에 필요한 특정한 항목들은 추가해야 한다.

이 체크리스트는 하나의 목록일 뿐이다. 체크리스트는 해야 할 과업들을 나타낼 뿐이며 어떻게 실행하는지는 각자 상황에 맞게 실행해야 한다.

이 체크리스트들은 Dr. Roy W. Lowrie Jr.가 작성함

위원회 체크리스트

일반적인 사항

☐ 1. 위원들은 신앙심이 깊은 그리스도인이어야 한다.

☐ 2. 위원들은 디모데전서 3장의 기준에 따라 영적 지도자로서의 자격이 있어야 한다.

☐ 3. 위원들은 학교의 신앙 진술서에 동의해야 한다.

☐ 4. 위원들은 학교 설립에 대한 하나님의 의지를 확신해야 한다.

☐ 5. 위원들은 학교의 철학과 목표에 공감해야 한다.

☐ 6. 위원들은 하나님의 지혜를 구하고 학교를 이끌어 주시기를 기도해야 한다.

☐ 7. 위원들은 성경을 읽고 이를 위원회 업무에 적용해야 한다.

☐ 8. 위원들은 개인이지만 전체 위원회에 소속된 것이다.

☐ 9. 위원들은 성령의 감동을 유지해야 한다.

☐ 10. 위원들은 회의에 신실하게 참석해야 한다.

☐ 11. 위원들은 책임과 과업을 수행하는 데 있어 양심적이어야 한다.

☐ 12. 기타

법적 규정

위원들은 아래의 사항을 기억해야 한다.

☐ 1. 필요로 할 때는 일을 수행하기 위해 적절한 변호사를 활용할 수 있다.

☐ 2. 규약, 정관, 신앙 진술서가 정립되어야 한다.
☐ 3. 만약 학교가 교회와 독립적으로 설립된다면, 법인 서류 양식들을 갖춘다.
☐ 4. 학교 설립이 가능하도록 교회 규약이 수정되어야 한다.
☐ 5. 만약 학교가 교회와 독립적으로 설립된다면, 면세요건이 검토되어야 한다.
☐ 6. 정부가 승인할 수 있도록 교육적 요건이 충족되어야 한다.
☐ 7. 위원들이 적절하게 선출되고 승인되어야 한다.
☐ 8. 필요하다면 학교의 이름으로 당좌 예금 계좌를 개설할 수 있다.
☐ 9. 학교 운영 절차는 목적에 맞게 고안되어야 한다.
☐ 10. 정기 회의의 일정이 잡히면 적절하게 소집되어야 한다.
☐ 11. 회의는 집중적으로 이루어져야 하고, 다음 회의와 관련된 자료는 미리 위원들에게 전달되어야 한다.
☐ 12. 위원회의 정책은 정책 매뉴얼에 기록되어야 한다.
☐ 13. 학교로 사용될 건물은 행정상 승인되어야 한다.
☐ 14. 학교는 모든 부분에서 적절한 보험에 가입을 한다.
☐ 15. 기타

교직원
☐ 1. 자격 있는 사람이 교장으로 고용되어야 한다.
☐ 2. 교사는 교장에 의해 매우 신중하게 선발되어야 하며 위원회의 승인을 받아야 한다.

☐3. 교직원은 교장에 의해 신중하게 선발되어야 한다.

☐4. 급여체계는 교장, 고직원에게 적용된다.

☐5. 급여체계는 엄격하게 고수되어야 한다.

☐6. 추가적인 상여체계도 신중하게 고려되어야 한다.

☐7. 교직원의 지원 양식이 개발되어야 한다.

☐8. 학교와 개인간의 계약 양식이 개발되어야 한다. 무리한 계약 조항은 넣지 말아야 한다.

☐9. 주택공급에 대한 정보가 제공되어야 한다.

☐10. 교장과 교직원의 직무에 대한 설명이 제공되어야 한다.

☐11. 기타

재정

☐1. 모든 자금은 매우 신중하게 다루어져야 한다.

☐2. 회계 계정은 예산을 고려하여 만들어야 한다.

☐3. 일반적 재정 보고서는 위원들 모두에게 보고되어야 한다.

☐4. 통과된 연간 예산은 신중하게 편성되고 적용해야 한다.

☐5. 예산은 현실적이어야 한다.

☐6. 구매나 지불에 관련된 절차가 수립되어야 하고 반드시 이행되어야 한다.

☐7. 위원회의 승인 없이 예산을 초과해서는 안 된다. 지출이 수입을 초과해서는 안 된다는 일반적인 정책이 지켜져야 한다. 그러나 증가하는 학생 수 때문에 불가피하게 지출이 증가할 때는 자금

의 한도 내에서 추가 지출이 용인될 수 있다(예산은 실제 수입이 확정될 때 수정될 수 있다).
- ☐ 8. 수업료가 정해져야 한다.
- ☐ 9. 수업료의 납부에 관한 정책이 수립되어야 한다.
- ☐ 10. 수업료 체납에 관한 정책이 수립되어야 한다.
- ☐ 11. 기타

입학

- ☐ 1. 입학 정책과 절차가 명확하게 문서로 규정되어 있어야 한다.
- ☐ 2. 입학 지원양식이 개발되어야 한다.
- ☐ 3. 입학과 관련하여 학생과 학부모의 면담이 요구된다(상황에 따라 불가능할 수도 있다).
- ☐ 4. 위원회의 승인이 없이는 입학에 관한 어떠한 예외도 용납될 수 없다.
- ☐ 5. 입학 시험이 제공되어야 한다.
- ☐ 6. 심각한 비행을 저지른 학생은 그 기록을 말소하기 전까지는 입학할 수 없다.
- ☐ 7. 교육을 받을 자격이 있는 학생만이 입학 가능하다.
- ☐ 8. 기타

위원회의 조직

- ☐ 1. 위원회 위원의 선발, 임명, 선출 혹은 재임명, 재선출에 관한 명

확한 규정이 마련되어야 한다.
- ☐ 2. 위원과 교장의 선출에 대한 정책은 위원회가 수립한 정책에 따라야 하고, 교장은 정책 수행에 책임을 져야 한다.
- ☐ 3. 위원회와 교장의 선출에 대한 정책은 지켜져야 한다.
- ☐ 4. 학교가 성장할수록, 위원회는 소위원회들로 분화되어야 한다. 이 소위원회들은 (1)교육, (2)입학, (3)재정, (4)홍보, (5)건물과 부동산 관리, (6)장기 계획 분야를 포함하여야 한다.
- ☐ 5. 위원이 아닌 자도 소위원회에 참여할 수 있으나 위원회의 승인이 있어야 한다.
- ☐ 6. 각 소위원회의 의장은 위원회의 위원 중에서 선출한다.
- ☐ 7. 각 위원회는 하나님의 지혜와 돌보심을 위한 성경공부와 기도로 시작해야 한다.
- ☐ 8. 위원회의 회의는 시간과 장소에 대한 구체적인 계획에 따라 소집되어야 한다. 위원회 위원이 적법한 절차에 따르지 않고 연속 3회 이상 회의에 출석하지 않았을 때에는 사임을 요구받을 수 있다.
- ☐ 9. 소위원회의 회의는 시간과 장소에 대한 구체적인 계획에 따라 소집되어야 한다.
- ☐ 10. 학부모와 교사 모임이 조직된다면 위원회나 교장과 동등한 입장에서 활동할 수 있다. 그러나 이 모임 또한 궁극적으로는 위원회의 권위 하에 있다.

선택적인 제안
- ☐ 1. 위원들은 여러 기독교 학교를 직접 방문하고 정보를 수집할 수 있다.
- ☐ 2. 외부의 전문가에게 신앙교육을 위임할 수 있다.
- ☐ 3. 처음부터 기독교 교육에 있어서 탁월함에 대하여 헌신하라.
- ☐ 4. 기독교 학교 자문단을 위원회에 초대할 수 있다.
- ☐ 5. 위원회와 교장의 승인 하에 기독교 학교의 리더를 초대하여 강연을 부탁할 수 있다.

정책들

명백하게 이해되고 적용되는 적절한 수의 정책들, 규정들 그리고 규칙들이 없이 효과적으로 움직이는 조직이란 없다. 교장과 위원회는 학교 생활의 다양한 영역을 다스릴 정책들과 일련의 절차들을 기록해야 한다.

- 1. 위원회의 정책과 절차들을 개발하고 기록한다.
- 2. 훈육 절차들은 분명하게 만든다.
- 3. 학교의 규칙과 규율은 참여하는 모든 이들과 함께 만들고 공유한다.
- 4. 관리상의 절차들을 개발한다.

위원회의 정책들 (체크리스트 1)

위원회는 학교와 위원회의 기능을 위해 정책과 절차들을 개발하고 문헌으로 입증해야 한다. 위원회는 새 학교를 시작하기 전에 이런 정책들 전부를 개발할 수는 없겠지만, 몇 가지를 결정할 수는 있다. 필요가 생길 때 위원회는 그들의 결정을 좌우할 정책들을 개발한 후, 그 정책들과 절차들을 문서로 증명하여 위원회의 정규 부분으로 개발해야만 한다(뒤의 정책 매뉴얼 개발하기를 보라).

훈육 (체크리스트 2)

교장과 교사들은 교실에서 어떻게 조직하고 훈육시킬 것인가, 그리고 아이들을 훈육함에 있어 어떻게 교장이 교사들과 함께 일할 것인가를 조정해 주는 명백한 지침이 있어야 한다. 관리자와 교사들은 그들의 훈육 기준들을 개발할 때, 다음의 원리들을 명심해야만 한다.

1. 효과적인 훈육은 자발성을 최대한 향상시킨다.
2. 효과적인 훈육은 아동이 자기 자신을 더 잘 알고 받아들이도록 돕는다.
3. 효과적인 훈육은 정의와 공정함에 기초한다.
4. 효과적인 훈육은 아동이 상황에 적절하게 자신의 견해를 바꾸도록 도와야 한다.
5. 효과적인 훈육은 통제를 신중하게 사용한다.
6. 효과적인 훈육은 일관성이 있다.
7. 효과적인 훈육은 책임감을 개발한다.

(훈육 기준을 개발하기 위한 많은 제안들이 이 장의 끝부분에 포함되었다.)

학교의 규칙과 규율 (체크리스트 3)

규칙들은 관계가 어려울 경우 이를 돕기 위해서 만들어진 것이 아니다. 오히려 규칙들은 모든 활동에서 학교의 원활한 운영을 돕도록 개발해야 할 필요가 있다. 운동장에서, 복도에서, 체육 행사 등 많은 활동들을 다스릴 규율은 명백하게 이해되고 개발될 필요가 있다. 규율은 돌 던지기, 다른 사람들을 계단 아래로 밀치기, 가위 가지고 노는 것과 같은 금지된 행동들을 포함해야만 하며, 규칙들로 학교 재산, 가구, 설비를 보호해야 한다. 이런 규칙들 중 몇몇은 사전에 논의되어 부모들을 위한 매뉴얼에 포함될 필요가 있다. 교장은 모든 내부 규칙들이 분명하게 교사들, 학부모들, 학생들에게 이해되고 있는가를 확인해야 하며, 규칙과 지침들이 화재와 같은 긴급 상황을 다루기 위해서도 있어야 한다는 것을 확실하게 인식시켜야 한다. 학교가 성장함에 따라 규칙들은 첨가되거나 삭제되거나 혹은 필요에 따라 적합하게 조정될 수 있다.

관리상의 절차들 (체크리스트 4)

일부 관리상의 업무들과 책임들을 고려한 몇 가지 간단한 절차들을 서류상으로 명시하는 것이 좋다. 절차를 거치면서 생각할 시간을 가지고 그것을 서류로 명시하라. 관리자가 학교를 떠나는 경우에도 연계성을 가질 수 있도록 교장이 허용하는 한, 업무들을 분명하게 기록해 업무를 계속 수행하는 것이 중요하다. 행정 관리 정책들이 개발되고 그 정책들은 매뉴얼 속에 기록되어져야만 한다. 학교가 성장하고 발전됨에 따라 이 매뉴얼은 교장과 위원회에 큰 도움이 될 것이다. 이 매뉴얼은 매월 단위로, 관리되는 일들의 책임의 개요를 잡는 것으로부터 시작하야 한다. 만일 사업 첫 해 동안 일들을 주의깊고 상세하게 기록한다면, 그 기록들로부터 매뉴얼이 개발될 수 있을 것이다. 또한 그 기록들은 다음 학사 일정과 활동들을 어떻게 계획할 것인지 알 수 있도록 도와 줄 것이다. 매뉴얼에 꼭 포함되어야 하는 항목이 있다.
- 교사를 고용하는 것
- 학생들을 면접하고 입학을 허가하는 일
- 교사들, 학생들 혹은 학부모들과의 어려운 상황을 다루는 것
- 학생들의 퇴학, 제적 문제
- 긴급 사태들 : 의학적 치료가 필요한 사고, 교사의 질병, 대리 교사의 필요, 고장 난 차량과 수송을 위한 필요, 악천후 속에서 야외 활동하기.
- 재정적인 정책들(가족이 제때에 수업료나 납부금을 낼 수 없는 경우)
- 특별 활동 : 놀이들, 프로그램들, 음악 공연들
- 홍보 : 학교와 학교의 활동에 대해 지역 사회에 알리는 일

정책 매뉴얼 개발하기
효율성과 일관성을 위한 기초

 모든 학교는 학교 생활의 모든 국면을 안내할 정책을 개발할 필요가 있다. 이 정책들은 학교가 원활하게 운영되는 것을 돕는다. 위원회는 정책들을 개발하고 교장(또는 행정 관리자)이 학교의 행정상의 장으로서의 업무를 수행할 것을 기대한다. 분명한 정책들이 없다면 학교 운영은 종종 일관성이 없고 계획성이 없으며, 지역 사회에서 형편없는 평가를 받을 수도 있다.

 기독교 학교를 효과적으로 관리하는 것은 매우 어려운 일이다. 잘 고안된 정책 매뉴얼은 교장이 매일 직면하는 현안들과 문제들을 효율적으로 다루는 데 필수적인 보호장치가 되어 주며, 위원회의 정기 회의 때까지 기다릴 수 없는 많은 경우들에 대해 즉각적인 대답을 제공한다. 또한 잘 고안된 정책 매뉴얼은 교장의 친구가 되어 주며, 또한 감정적으로 영향을 받을지도 모르는 성급한 결정으로부터 교장을 구해준다.

 정책들은 학교의 디렉터들이 직원들, 학생들, 재정, 고용인 수당, 일반적인 학교 절차들을 운영하고 관리하는 방법을 일관성 있게 따르도록 돕는다. 좋은 학교는 교장에게 정책의 뼈대를 제공한다. 이것은 위원회가 결정을 내릴 시간을 가질 때까지 응답을 지연하는 경우와 비교할 때, 교장이 즉각적인 통제를 하도록 하고, 학교에서의 리더로서의 지위를 강화시켜 준다.

 정책들은 교장이 분별력 있는 행동을 하도록 안내한다. 잘 짜여진 정책은 의사 결정자에게 분명한 지침을 제공할 만큼 세부적이면서도, 각각의 사례들 속에서 교장이 재량권을 발휘하도록 허용할 수 있을 만큼 광범위하다. 근본적으로 정책들은 모든 구성원들이 공정하게 대우받도록 명시할 수 있다. 적용되는 정책이 공평하게 시행된다면 편중된 제안이란 없어야만 한다. 공정함을 측정하는 데에는 "무엇이든지 남에게 대접을 받고자 하는 대로 너희도 남을 대접하라. 이것이 율법이요 선지자니라"(마태복음 7:12)를 황금률로 삼는다. 그 원칙에 따라 필요가 생기기 전에 미리 정책들을 잘 승인하는 것이 현명하다. 또한 실행하기 전에 정책의 세분화를 통해 계획하고 생각하는 것이 유용하다. 이치에 맞는 생각들은 개인적인 문제들과 학교 고용인들이나 학생들이 연루된 상황들에 감정적으로 매이기 전에 적용될 수 있다. 과열된 위원회 회의에서보다는 냉철한 머리로 만들어진 정책이 훨씬 도움이 된다.

명심해야 할 중요한 원리는 위원회가 정책을 세우고, 교장이 그것을 실행한다는 사실이다. 공들여 만든 정책은 교장에게 적절한 방향감각을 제공한다. 몇몇 학교들은 위원회와 교장의 역할이 애초에 두 쪽 모두에게 분명하게 이해되지 않아 어려움에 부딪히기도 한다. 위원회들은 학교를 관리해서는 안 된다. 만일 그들이 학교를 관리하려든다면 교장은 내적인 자신감을 상실하게 된다. 사실상 위원회의 주요한 세 가지 기능은 고용인들을 고용하고 해고하고, 예산을 세우고 유지하며 학교 정책을 세우는 것이다.

무엇이 정책인가?

정책이란 위원회의 전적인 권한을 포함하고 있는 개념이다. 그래서 정책을 의도적으로 깨뜨리는 것은 불복종을 의미한다. 정책은 집단의 법이다. 정책은 맨 위로부터 아래로, 모든 고용인들에게 위원회가 기대하는 것을 전해야 한다. 좋은 정책 매뉴얼은 교장에게 좀더 중요하고도 도전적인 문제를 해결할 여유를 주면서, 날마다 반복되는 결정으로부터 자유롭게 해준다.

정책은 항상 기록된 형식이어야 한다. 몇몇 학교들의 구어적인 전통은 잘못된 해석과 오해의 여지가 있다. 반면에 문서화 되어 있는 정책들은 일반적으로 법률에 반하지 않는 한 법적인 정당성을 확증받는다. 가능한 한 정책이 법률 안에서 세워졌음을 확신하기 위해서는 변호사로 하여금 학교의 정책 매뉴얼을 전체적으로 점검해 보도록 하는 것이 현명하다.

정책 기록상의 절차들*

효율적인 정책들과 규율은 반드시 정확하고 분명해야 한다. 그것들은 가능한 한 무엇이 행해져야 하는지(정책들), 그리그 어떻게, 누구에 의해서, 언제. 그리고 어디서 행해져야 하는지 표현이 간단명료해야 한다.

사용된 언어는 지나치게 과장되거나 형식에 구애받지 않아도 되지만, 정확하고 분명해야 한다. 정책들은 학생들, 학부모들, 고용인들, 위원회의 일원들이 이해할 수 있도록 충분히 쉽게 읽혀져야 한다. 교육적, 형식적인 전문어들은 피하는 것이 좋다.

정책 매뉴얼을 개발할 때는 문체와 형식에 있어서 일관성을 유지하도록 노력해야 한다. 분명한 형식과 읽기 쉬운 문체를 채택하기 위해서는 모든 정책을 기록하는 일에 대해 한 사람(아마도 집행 부서의 장)이 총괄하는 것이 바람직하며, 후속되는 정책의 기록에도 같은 문체가 사용되어야 한다.

대체로 정책의 초안은 교장이 함께 일하는 교직원들과 함께 작성하게 되며, 그 정책들은 위원회에서 심사숙고하는 과정을 거쳐 다듬어진다. 교장은 대개 무슨 정책이 필요하고 왜 필요한지를 안다. 정책을 기록하며 제안하고 위원회를 위해 준비한다고 해서 모든 내용이 채택될 수 있는 것은 아니다. 재작성하는 작업이 필요할지도 모르지만, 이렇게 준비된 제안서는 위원회의 많은 시간을 아낄 수 있다.

* Raymond E. White와 Richard E. Wiebe 박사가 쓴 글을 참조함

훈육

훈육의 원리는 학교 정책의 일부로서 분명하게 개발되고 이해되어야 한다. 성경에서 취한 다음의 원칙들은 매우 유용할 것이다.

훌륭한 훈육을 개발하는 법

훌륭한 훈육은 특별한 훈련을 요구한다. 아이들에게 과목을 가르치는 것과 마찬가지로 교실 내외에서 허용되는 행동과 그렇지 못한 행동을 가르쳐야 한다. 아마도 다음의 제안들 중 몇몇은 긍정적인 훈육

을 개발하는 데 유용하다는 것이 증명될 것이다.
1. 아이들이 따라야 할 행동 기준들을 제시하고, 수용될 만한 행동들을 훈련시켜야 한다.
2. 아이들의 다양한 발달 단계에 맞춰 학습의 형태도 달라야 한다. 교사들은 아이들이 벌써 배웠던 것은 무엇인지, 그리고 그들은 무엇을 배울 필요가 있는지 등, 학생들의 연령대에 일반적으로 나타나는 특징들에 대해 정통해야만 한다. 이를테면, 어린 학생들은 좀 더 나이 많은 학생들보다 더 많은 통제를 받아야 한다. 그들은 옳고 그름, 규칙과 예의에 대한 개념들이 덜 명확하게 정의되어 있다. 고학년들은 규율을 지키기 위해 즉각적인 필요를 절제할 수 있는 능력이 있다.
3. 아이들은 권위를 가진 사람을 기쁘게 하고 싶을 때 신뢰와 애정을 가지고 가장 잘 배운다.
4. 아이들의 욕구와 반응은 개인마다 각각 다르다. 개개인의 차이를 인식하고 아동을 만족시킬 수 있도록 훈육을 조절해야만 한다. 아이들은 휴식과 활동이란 육체적인 욕구, 다른 사람과의 친교와 상호작용이라는 사회적인 욕구, 애정이나 수용, 성취와 같은 감정적인 욕구들을 가지고 있다. 어떤 아이들은 다른 아이들보다 더 많은 활동을, 어떤 아이들은 더 많은 친교를, 어떤 아이들은 더 많은 애정을 필요로 한다.
5. 모든 아이들에게 똑같이 효과적인 훈육 방법이란 없다. 몇몇 단호한 말들은 사회적인 통제에 민감한 아이들에게 문제 행동을 멈추

게 할지도 모르지만, 다른 아이들에게는 더 심각한 문제를 일으킬 지도 모른다.
6. 아이들은 자신의 잘못된 행동에 대해 벌을 받음으로써 좋은 행동을 배우는 것은 아니다. 아이들은 본보기를 통해, 교훈을 통해, 실천을 통해, 또한 그들의 실수를 통해 배우고 성장한다(아이들은 그들의 실수로부터 무언가를 배워야만 한다. 그들의 실수로 인해서 단지 고생만 남는 것이 되어서는 안 된다).

훈육을 돕기 위한 제안들

1. 아이들이 해서는 안 되는 행동이 무엇인지 알 수 있도록 도우라. 아이들에게 주의를 주되, 아이 본래의 더딘 정도를 고려하라.
2. 아이들이 사용할 수 있는 모든 판단력을 사용하도록 허락하라.
3. "나에게 복종하라. 그렇지 않으면"하는 식의 접근이 훈육에 대한 유일한 방식이 된다면 문제가 있다는 것을 깨달으라. 상호간의 존중과 협력이 교실 안에서 개발되어야 한다. 아이들은 안내를 필요로 한다. 그들이 사려 깊게 대우받는다면, 그것을 가장 잘 수용할 것이다. 아이들에게 있어서 주도와 판단은 가치 있는 일이다. 맹목적인 복종의 환경에서는 수줍어 하고 위축된 성격들이 자라난다.
4. 각 아이들에게서 최선의 것을 기대하라.
5. 각 아이들을 격려하라.
6. 각 아이들의 감정을 민감하게 인지하라.
7. 들어주어라.

8. 도움이 되는 시간을 가지라.
9. 교실과 학교의 규칙들이 만들어진 이유를 설명해 주어라.
10. 협력하여 행동 기준들을 개발하고 있는 아이들을 지도하라. 좋은 훈육은 권위적인 통제와 다르다. 아이들은 어떤 행동에 대해 규칙을 세울 수 있으며, 자기의 행동을 그러한 규칙으로 평가할 수 있다.
11. 일관성을 보이라. 만약 당신이 그러지 못했다면 정직하게 아이에게 용서를 구하라.
12. 엄격해야 하며 변명하지 말라. 엄격함이 독재를 의미하지는 않는다. 교사들은 '친절하고 사랑이 넘치는 엄격함'을 개발해야 한다.
13. 개인적으로 친밀해지는 것이 좋다. 웃음, 수락한다는 끄덕임, 한 두 마디의 특정하고 정직한 칭찬, 분명한 대답을 들을 수 있는 질문 등을 사용하라.
14. 사회적으로 원만한 학급을 만들기 위해서, 그리그 아이들이 다른 사람들과 관계를 잘 형성하도록 돕기 위한 도구가 소그룹임을 인지하라.
15. 때때로 교실에서 즐거운 시간을 가지라.
16. 효과적인 학습과 흥미로운 활동들을 통해서 훌륭한 학교 정신(spirit)을 개발하라.

성경적인 가치들 가르치기

아이들에게 사람이 어떻게 살아야 하는지를 보여주는 성경적인 원칙들을 가르치는 것은 기독교 학교의 중요한 과업이다. 성경에는 많은 성경적인 인물들이 있다. 신약성경에서 자주 반복되는 도전 중 하나는 우리가 '예수님처럼 되어야' 한다는 것이다.

"하나님이 미리 아신 자들로 또한 그 아들의 형상을 본받게 하기 위하여 미리 정하셨으니 이는 그로 많은 형제 중에서 맏아들이 되게 하려 하심이니라"(로마서 8:29).

"그의 안에 산다고 하는 자는 그가 행하시는 대로 자기도 행할지니라"(요한일서 2:6).

"이를 위하여 너희가 부르심을 받았으니 그리스도도 너희를 위하여 고난을 받으사 너희에게 본을 끼쳐 그 자취를 따라오게 하려 하셨느니라"(베드로전서 2:21).

"나의 자녀들아 너희 속에 그리스도의 형상을 이루기까지 다시 너희를 위하여 해산하는 수고를 하노니"(갈라디아서 4:19).

아래 표 〈기독교 학교에서 성경적인 가치들 가르치기〉는 성경에서 가르치는 가장 중요한 가치들을 열거하고 있다. 교사들은 학생들이 매일의 삶 속에서 이런 가치들을 이해하고 실천할 수 있도록 도와야 한다.

그 가치들(또는 인격적 자질)은 여섯 개의 주요 주제로 나눌 수 있다.

- 공손한(respectful)
- 책임감 있는(responsible)

- 기략이 풍부한(resourceful)
- 단호한(resolute)
- 수용적인(receptive)
- 반응하는(responsive)

이 표에는 각각의 주요한 방향을 확장하는 중요한 가치가 열거되어 있다. 표의 내용들을 경험하게 만드는 것이 이런 가치들을 가르치는 데 많은 도움이 될 것이다.

가치들과 특성들을 열거하고 있는 다음의 표는 학생들이 그러한 행동을 실제로 할 때 교사들이 기록할 수 있는 체크리스트이다. 체크리스트는 그 가치의 행동들을 강화하고, 학생들이 그들 안에서, 그리고 서로에게서 이런 가치들을 찾아내도록 도와 준다. 학생들이 얼마나 성공적으로 이런 가치들을 따라 살고 있는지를 관찰하는 것은 교사들이 부모들과 함께 아이들에 대해 대화할 때 매우 좋은 정보가 된다.

이런 가치들이나 특성들은 특정한 훈육의 상황에서 유용하게 사용될 수 있다. 학생들이 관계나 순종함에 있어서 어려움을 가지고 있을 때, 교사는 이런 특성들을 언급하면서 그들이 어떻게 바뀔 필요가 있는지, 그리고 어떤 태도를 수정할 필요가 있는지를 보여줄 수 있다.

기독교 학교에서 성경적 가치들 가르치기

1. 공손한 에베소서 4:2 고린도전서 13:4~5	예의바른: 다른 사람들에 대해 사려 깊은 순종적인: 순종하는, 기꺼이 순종하고자 하는 정중한: 좋은 매너를 지니고 있고 아랫사람에게도 상냥한 유순한: 겸손하고 의무를 다하는 참을성 있는: 다른 사람의 차이를 참작하는
2. 책임감 있는 누가복음 16:20 고린도전서 13:6~7	경계하지 않는: 주의하고 방심하지 않는 정직한: 양심적이고 윤리적이며 진실한 근면한: 열심히 일하고 지속적인 신뢰할 만한: 의지하고 신뢰할 가치가 있는 스스로 절제하는: 자제력 있고 의무를 다하는
3. 기략이 풍부한 잠언 16:21 에베소서 5:15~16	패기만만한: 주도력과 추진력이 있는 창의적인: 상상력이 풍부하고 생산적인 분별력 있는: 지각있고 날카로운 심미안이 있는 성공적인: 유능하고 열매가 많은 현명한: 좋은 판단을 제시하는
4. 책임감 있는 누가복음 16:20 고린도전서 13:6~7	결연한: 굳게 결심한 부지런한: 활동적이고 열정적으로 노력하는 참을성 있는: 포기하지 않는, 견뎌내는 충성된: 성실하고 동요하지 않는 굴하지 않는: 어려움에도 불구하고 지속하는

5. 수용적인 히브리서 5:8 잠언 2:1~5	경청하는: 유의하는 협력적인: 잘 돌봐 주고 도움이 되는 공정한: 도리에 맞고 객관적인 융통성 있는: 기꺼이 동의하고 순응성이 있는 겸손한: 조심성 있고 예의바른
6. 반응하는 베드로전서 3:8 요한복음 13:34	인정 많은: 상냥하고 친절한 이해심 있는: 이해력 있는, 민감한, 다른 이의 마음을 잘 알고 대처하는 관대한: 자비를 보여주는 정다운: 친구가 되어주는 애정 있는: 조건 없이 사랑을 표현하는

1. 공손한   2. 책임감 있는   3. 기략이 풍부한
4. 단호한   5. 수용적인   6. 반응하는

이름	월요일	화요일	수요일	목요일	금요일

ⓒ 마가렛 브리지의 사용 허가를 받음

성경적인 삶의 가치를 제시하는 11계명

한 기독교 학교는 '11계명'을 개발해 왔다. 이것을 각 교실에 붙이고, 학생들은 각각의 의미에 따라 훈련을 받게 된다.

11계명은 하나님을 알고 사랑하기 위한, 그리고 학교 공동체 내에서 함께 생활하기 위한 기초이다. 이것들은 성경의 원칙을 따라서 어떻게 서로 사이좋게 지내는 지에 대한 교훈뿐 아니라 예배, 순종, 훈육의 기초적인 원칙들을 제공한다.

다음 표는 구약으로부터 온 10계명을 하나님이 그의 자녀들에게 무엇을 기대하고 있는가를 학생들에게 보여주는 간단한 용어들로 바꾸어 놓은 것들이다. 11번째 계명(서로 사랑하라)은 예수님에 의해 주어진 것으로, 10계명에 더해졌다.

이 표는 성경적인 삶의 가치를 가르치기 위한 실제적인 기초를 제공한다. 학생들이 어떤 어려움에 직면했을 때, 이것은 문제를 바로잡고 훈련하는 데 사용될 수 있다.

1. 교사들과 교직원들은 이런 계명들을 이해하고 실천해야만 한다. 그들은 학생들에게 삶의 모델이 된다.
2. 교사들은 학생들에게 성경적인 가치들을 교육하기 위해 이 도표를 사용할 수 있다. 교육은 각 연령의 수준에 맞게 이루어져야 하는데, 각 교실 안에서 이루어질 수도 있고, 학교 예배나 특별한 집회를 통해 이루어질 수도 있다.
3. 11계명은 아동들이 하나님과의 관계, 혹은 서로간의 관계를 이해

하도록 돕는다.

4. 조정이 필요할 때, 이 계명들은 그 조정에 대해 도움이 된다.

11계명(신명기 6장)

사랑은 충성이다
하나님을 그 어떤 것보다, 그 누구보다 더욱 사랑하라.
하나님은 당신을 사랑하신다.

사랑은 신실하다
오직 하나님을 경배하라.
하나님은 다른 어떤 사람이나 소유보다 더욱 소중하다.

사랑은 경건하다
하나님의 이름은 거룩하다.
맹세하는 데 그의 이름을 사용해선 안 된다. 사랑 안에서 그에게, 그리고 그에 대해서 말하라.

사랑은 시간을 따로 떼어 놓는다
우리가 하나님에게 초점을 맞추고 그 안에서 쉼을 누리는 시간을 가질 때 하나님을 영화롭게 한다.

사랑은 공손하다
당신의 어머니와 아버지를 사랑하라. 항상 그들에게 존경을 표하라. 그러면 하나님이 갚아주실 것이다.

사랑은 자비롭다
태어난 것이든 태내의 것이든 살해해서는 안 된다. 다른 사람을 미워하거나 상하게 하지 않도록 마음을 지키라.

사랑은 순결하다
남녀간의 결혼은 하나님께서 정하신 것이고, 성교는 결혼 안에서 순결하므로, 결혼하지 않은 이는 그 생각이나 행동을 정결하게 지켜야 한다.

사랑은 정직하다
도둑질해선 안 된다. 네게 속하지 않은 것을 취하는 것은 옳지 않다.

사랑은 진실하다
거짓말하지 말아야 한다. 항상 사랑 안에서 진실을 말하라.

사랑은 만족한다
하나님께서 주신 것에 대해 항상 하나님께 감사하라. 감사는 다른 사람들에 대한 질투를 멈추게 할 것이다.

서로 사랑하라
서로를 향한 우리의 강한 사랑은 주 예수께서 존재하심을 세상에 증명한다. 만일 우리가 서로 사랑하지 않는다면, 사람들은 예수님의 존재를 부정하게 될 것이다.

미국 캘리포니아 콘코드의 기독교 학교인 Tabernacle 학교에서 허가 받음

인사

교직원과 기타 직원의 채용은 위원회와 교장의 가장 중요한 과제 중 하나이다. 교사와 다른 교직원들은 신앙과 삶에 있어서 철저히 기독교적이어야 한다. 그들은 기독교 학교에서 '살아 있는 커리큘럼'이다. 학과 내용보다 그들의 모범적인 삶의 태도가 학생들에게 더 많은 것을 가르칠 것이다.

- [ ] 1. 위원회는 바라는 인재의 유형을 결정한다(교장에 대한 정보를 참조하라).
- [ ] 2. 교장은 공모하고 면접을 거친 후 채용한다.
- [ ] 3. 교사 모집의 방법을 결정한다.
- [ ] 4. 교사 지원 양식을 개발한다.
- [ ] 5. 교사 면접 형식을 결정한다.
- [ ] 6. 교사는 면접을 거친 후 학교위원회에 소개한다.
- [ ] 7. 교사 계약서를 개발하고 승인한다.
- [ ] 8. 학교에 필요한 보조 인력을 채용한다(대리 교사, 청소 인력, 비서, 운전 기사, 기타).
- [ ] 9. 대리 근무를 위한 절차를 세운다.
- [ ] 10. 정보를 취합하여 직원 매뉴얼을 개발한다.
    - [ ] 연중 행사 계획표

- 주별 학급 스케줄
- 일일 시간표
- 각 학년별 혹은 학급별 커리큘럼 개요
- 과제물(숙제)의 목적과 내용
- 평가시스템과 부모에 대한 공지물
- 징계 철학과 절차
- 학교의 특성 개발 전략

☐ 11. 직원 매뉴얼을 만든다.
☐ 12. 교사 연수 교육을 학기 시작 전에 계획한다.
☐ 13. 교사 자기 평가 양식을 개발한다.
☐ 14. 교장을 위한 교사 평가 양식을 개발한다.

교장의 모집과 채용 (체크리스트 1, 2)

교장의 선택은 중요하다. 교장은 학교의 안정된 지도자가 되어야 한다. 그(또는 그녀)는 그를 따르는 사람들에게 영감을 줄 수 있는 재능 있는 지도자여야 하며, 긍정적 삶의 양식을 가진 기초 훈련을 잘 받은 사람이어야 한다. 그는 가정을 가진 사람이어야 하며, 지역의 목사님들, 그리고 부모들과 화합할 수 있는 인물이어야 한다. 그리고(반드시 필요한 것은 아니지만) 학교 행정에 경험이 있거나 정식 훈련을 받은 인물이라면 큰 도움이 될 것이다(뒤의 교장을 위한 체크리스트를 참조하라).

교사의 모집과 채용 (체크리스트 3~6)

학교가 개교하기 전에 교사를 찾되, 학교가 교사에게 제공하는 사항을 포함하여, 학교에 필요한 교사의 조건을 정리하라. 얼마 만큼의 급여와 이익을 제공할 수 있는가? 교사들을 위해 연수(현장) 교육을 제공할 것인가? 그리고 몇 가지 추가적 질문들에 대답해야 한다. 교사들은 기본적으로 기독교 훈련을 받아야 하는가? 교사들은 교육에 있어서 경험이 있어야 하는가 혹은 새롭게 교육받은 교사들을 고용할 것인가?

만일 이러한 질문들에 대답할 수 있다면(아마도 당신이 생각하는 다른 질문들도) 당신이 바라고 기도하는 교사들의 프로필이 더 분명해질 것이다. 당신은 계획을 더 효과적으로 기획할 수 있을 것이고, 요구에 적합한 교사들을 구할 수 있을 것이다. 교사들의 능력을 위해 하나님께 기도하라. 그리고 시간에 쫓겨 필요조건을 충족시키지 못한 사람을 채용하려는 유혹에 빠지지 말라. 교회를 통한다면 기독교 교사들을 찾기에 훨씬 수월할 것이다. 게시판의 벽보, 강단에서의 공표, 주일학교에서 전단지 배포 등을 포함한 다양한 방법들이 있다. 기독교 대학에서 구인하는 것도 효과적일 것이다.

지원양식/교사면접 (체크리스트 4~6)

관심 있는 교사들을 충원하기 위한 지원 양식을 개발하라. 서식은 이름, 주소, 전화번호, 개인정보, 교육 정도, 전문 훈련, 경력, 기독교 학교에 지원한 이유, 학교는 지원자의 신원을 보증해 줄 수 있는 서너 명의 명단을 필요로 하는데, 이들은 목사를 포함하여 전문인(가능하면 교육자), 친구들이 포함될 수 있다.

지원 양식이 완성된 후에 교장은 정보를 잘 살펴보고 신원 보증인들과 연락해야 한다. 그리고 교장은 지원자와 개별 면접을 해야 한다. 면접 시 교장은 교사의 개인적인 생각과 그의 교육적 철학을 검토하고 그 응시자의 훈련, 경력, 학급 관리에 대한 견해를 들어야 하며, 지원자는 학교 조직 및 절차 등에 관해 질문할 수 있어야 한다.

신원 조회가 확인된 후 교장은 면접 후 채용할 교사를 결정한다. 후보자는 간단한 면접을 위해 학교위원회에 소개되어야 한다. 위원회 위원들은 교사를 지원한 동기, 장점과 약점, 팀과 함께 일하고자 하는 열의, 개교하는 학교에 대한 확신 등을 질문한다. 위원회는 미리 그들이 질문할 내용들을 준비해야 한다. 교장은 지원자가 위원회와 면접한 후에 기도하고 하나님의 뜻을 알 수 있도록, 그리고 위원회가 토의 후 결정할 수 있도록 시간을 주어야 한다(뒤의 교사 입사 지원서, 개인적 추가 질문서, 추천서를 참조하라).

계약/직무 내용 설명서 (체크리스트 7)

모든 필요한 절차들이 완성되면 지원자가 사인하기 위한 계약서를 제시한다. 계약은 근무기간, 고용 요구조건, 급여와 이익들에 관한 윤곽이 분명해야 한다. 이 정보들은 계약이 진행될 때 지원자가 당황하지 않도록 면접 시 지원자와 공유되어야 한다. 교사를 위한 직무 내용 설명서는 매우 유용하다. 거기에는 근로를 위한 요구 조건, 근무일의 기간, 교사의 책임을 약술한 학사 일정표, 의복 규범, 감독을 위한 부가적 지시, 후원, 특별한 프로그램에 대한 참여, 활동 및 학생 클럽 등에 관한 윤곽이 그려져야 한다. 이러한 책임들은 개교한 첫 해에는 세밀히 정의되지 않아도 된다. 그러나 직원과 스텝들은 교사를 위한 직무 내용 설명서를 개발하기 위해 함께 작업하며, 새로운 교사들에게 제시하기 위한 기본 목록을 만들어야 한다(뒤의 기독교 학교 교사를 위한 직무 내용 설명서를 참조하라).

직원 수요 (체크리스트 8, 9)

학교는 교사와 더불어 직원을 필요로 한다.

- 청소 및 보수 직원
- 경리, 비서(작은 학교의 경우 한 사람이 가능)
- 운전 기사(버스 통학생이 있거나 특별한 행사를 위해)
- 점심 프로그램이 있을 경우 식사 준비와 관리를 위한 인력
- 특별히 주의를 필요로 하는 어린이들을 돕기 위한 인력

이 인력들이 풀타임으로 일할 필요는 없다. 초기에는 이들 모두에게 급여를 지불할 수 없을 수 있으므로 사역의 일환으로 자원봉사자를 요청하거나 몇몇 부모들에게 일주일에 몇 시간씩 지원해줄 것을 요청할 수 있다. 학교에 풀타임으로 고용된 부모들의 경우(수업에 비용이 지불되는 경우) 수업료 할인을 제공할 수 있는지 혹은 자녀들을 위해 무료 교육을 제공할 수 있는지 고려해야 한다.

학교 개교 전에 잠재적 대리 교사 목록을 작성하라. 그들이 근무에

동의하면, 면접을 하고 학급을 방문하게 해서 그들을 학교의 일상에 친숙하게 하라. 만일 가능하다면 학교의 연수(현장) 교육 프로그램에 동참시킬 수 있다. 대리 교사들의 역할을 담은 대리 교사들을 위한 핸드북을 만드는 것이 효과적이다. 교사들은 대리 교사들을 위해 정확히 서술된 학습 계획, 학생 좌석표, 그리고 대리 교사들을 지원할 수 있는 다른 정보들을 공유해야 한다.

교직원 매뉴얼 (체크리스트 10, 11)

교사들을 위한 정보와 상세한 설명이 직원 매뉴얼에 명확히 규정되어야 한다. 첫 해 동안에는 매뉴얼이 완성되지 못할 수도 있지만 해가 지남에 따라 추가되어질 수 있고 계속해서 개발되고 발전되어야 한다. 학교의 모든 기능을 조정하기 위해 정책을 확립해야 한다. 직원 매뉴얼은 교사들에 대한 정책(방침)들을 제시하고 다음과 같은 정보를 포함한다.

- 연중 행사 계획표 : 교사들이 주목해야 할 모든 모임 뿐 아니라 모든 학교 활동의 구체적인 목록
- 학교 일정표와 주별 학급 시간표
- 커리큘럼의 윤곽과 내용
- 과제물의 목적과 내용
- 진급 과제물 체계를 어떻게 운영할 것인가에 대한 기술
- 기독교적 발전 전략
- 결근 절차와 대리를 위한 준비

- 아동 평가의 테크닉
- 훈련 원칙, 절차, 그리고 실습 아이디어

행정을 위한 핸드북은 매우 유용하다. 행정적 정책(방침)이 개발되면 그것들을 교장의 매뉴얼에 포함해야 한다. 매뉴얼에는 또한 학교 행사 계획표를 포함해야 한다. 매뉴얼의 형식은 월별로 책임과 활동을 목록화 하는 것이다. 이것은 교장과 직원들로 하여금 해당연도에 무엇을 준비할 필요가 있는지를 되새겨 준다. 다시 말하지만 이 매뉴얼은 학교가 운영되는 첫 해에는 완전하게 개발될 수 없다. 그것은 학교 설립 초기 첫 몇 년 동안 작업되는 프로젝트가 될 수 있다. 그러나 결국 이러한 작업이 많은 시간과 불안을 줄이게 해 줄 것이다.

교사 훈련 (체크리스트 12)

학기 동안에 교사 훈련이 제공되도록 계획하는 것이 좋다. 이 훈련은 한 달에 한 번이 될 수도 있고 몇 달에 한 번씩 이루어질 수도 있으며 수업 후 혹은 토요일 오전이나 수업일이 단축되는 몇 주 동안 매일 오후에 이루어질 수 있다. 교장은 이 훈련을 학교 초기 단계에서 제공할 수 있다. 모든 교사들은 어린이의 삶에 모델이 되어야 한다는 큰 챔임감으로 '훈련' 받는 것이 필요할 것이다. 교장은 교사들이 학교의 비전 또는 사명, 기독교 교육의 기본 원리들을 이해하도록 돕기 위해 교사들과 시간을 보낼 필요가 있다. 교장은 이 주제에 관해 좋은 책들을 선택하거나 세미나를 개최할 수 있다. 기독교 교사는 성장과 배움을 위한 기호를 지속적으로 추구해야 한다.

학기 시작 한 주 전에는 교사 오리엔테이션을 하는 것이 좋다. 교사는 일정 부분을 훈련과 나눔, 학교 시작을 위해 자료를 준비하는 데 사용해야 한다. 개교 첫 해 동안에는 학교를 시작하기 전 두 주 동안 진행한다면 매우 유용할 것이다.

교사 평가 (체크리스트 13, 14)

학교가 성장함에 따라 교사들을 위한 자기 평가 양식이 개발되어야 한다. 이러한 양식은 교사들에게 스스로를, 그리고 자기 조직을 더 잘 이해하는 데 도움을 준다.

교장은 교사들을 정기적으로 평가하기를 원할 것이다. 이때 준비된 양식을 사용하는 것이 효과적이다. 뒤에 제시하는 샘플을 상황에 맞게 수정하여 사용하라.

교사에 의한 자기 평가, 교장에 의한 공식 평가 후에 교사와 교장은 그 평가 내용에 대해 토의해야 한다. 교장이 관찰한 몇몇 장점을 돋보이게 함으로 교사를 장려하는 것은 현명한 일이다. 성장과 개선을 위해서 한 가지 혹은 두 가지 목적을 설정할 수 있다. 교사들은 교장이 업무와 사역에 있어서 교사들을 돕고 지원하려고 한다는 것을 미리 알아야 할 필요가 있다(뒤의 교사 평가 양식을 참조하라).

교장이 기억해야 할 또 다른 중요한 논점은 하나님께서 그들에게 위임하신 사람들을 위해 책임 있는 목자가 되도록 그 교사를 학교에 지도자로 부르셨다는 사실이다. 이러한 접근은 서로가 하나되게 하는 데 도움을 준다.

교장을 위한 체크리스트*

교장(administrator, principal, headmaster)은 기독교 학교의 중심 인물이다. 학교의 질(質)은 교장의 영적 은사, 인격, 전문적 능력, 부지런함과 연관된다. 교장은 학교의 발전에 가장 책임 있는 사람이다.

기독교 학교의 교장은 어린이, 청소년, 부모들, 교사들, 직원, 그리고 다른 관리자들에게 있어 성직자와 같다. 그것은 전문적이고 영적인 일이며, 하나님을 섬기는 특별한 기회를 제공하는 일이다. 교장이 능력 있고 역량이 있다면 학교는 발전될 것이고 하나님의 이름이 더욱 존경받을 것이며 지역 사회에서 칭송받게 될 것이다.

다음에 열거하는 체크리스트를 검토한다면 몇몇 사안들이 명확해질 것이다.

- 몇몇 항목들은 다른 항목들보다 더 중요하다.
- 많은 사안들이 동시에 이루어져야 한다.
- 기도, 연구, 막중한 업무 등이 요구되어진다.
- 지역 사회에 대한 특별한 사안들은 목록보다는 '기타'에 추가되어야 한다.

체크리스트의 목적은 학교가 계획됨에 따라 교장이 해야만 할 항목들을 확인하는 것이다. 또한 체크리스트는 좋은 행정적 기초를 잘 확립하기 위하여 학교 개교 첫 해 동안에 이루어져야만 될 사안들을 포함한다. 체크리스트를 매해 검토하는 것은 생산적인 일이 될 것이다.

체크리스트는 완성되어져야 하는 사안들을 확인하지만 그것들이 어떻게 이루어져야 하는지에 대해 말하는 것은 아니다.

학교를 이끌기 위해 선출되는 교장은 다음에 열거되는 각 항목들에 적합한 사람이어야 한다.

* Dr. Roy W. Lowrie Jr가 작성

교장을 위한 체크리스트

교장은 ~ 이다.
- 1. 명확한 신앙 고백을 가진 그리스도인
- 2. 디모데전서 3장 기준에 따라 영적 지도력이 있는 사람
- 3. 학교의 '신앙 진술서'에 대해 동의한 사람
- 4. 초신자이거나 미성숙하지 않은, 성숙한 그리스도인
- 5. 교장직을 위해 하나님께 은사 받은 사람
- 6. 교장직이 요구하는 인적 자질을 가진 사람
- 7. 만일 가능하다면 학교 교장으로서 훈련된 사람
- 8. 사람들에게 영감을 불어넣기 위해 최상의 노력을 다하는 사람
- 9. 사람들에 대해 주인 행세를 하지 않는 모범적인 지도자
- 10. 기독교 학교를 섬기게 하신 하나님의 소명을 깊이 인식하는 사람
- 11. 성경에 대해서 지적이고 성경의 원리를 학교 행정에 적용할 수 있는 사람
- 12. 기독교 학교 교육에 탁월하게 헌신된 사람

□ 13. 영적으로 승리를 확신하는 사람
□ 14. 그리스도인으로서, 그리고 교육가로서 높이 존경받는 사람
□ 15. 육체적으로 정신적으로 매우 건강한 사람
□ 16. 일을 결정하는 능력과 그것들을 정확히 실행하는 능력이 있는 사람
□ 17. 전략적 계획을 이해하고 수행할 능력이 있는 사람
□ 18. 성내거나 투덜거림 없이 위원회의 권위를 따르는 사람
□ 19. 기독교 학교의 내부 업무들을 잘 이해하는 사람
□ 20. 기독교 학교의 철학과 목적에 대해 배워가는 사람
□ 21. 높은 인내심으로 난제를 견뎌낼 수 있는 사람
□ 22. 모든 상황 속에서 원칙들을 공정하고 일관성 있게 적용할 수 있는 사람
□ 23. 전문 서적들과 다른 유용한 자료들로 늘 공부하는 사람
□ 24. 복음을 전하는 교회의 성도
□ 25. 문제 해결에 있어 철저히 기도로 임하는 사람

1. 인사 행정
□ 1. 영적 지도력과 교육적 지도력을 훈련한다.
□ 2. 모든 인력을 충원하고 위원회에 추천한다.
□ 3. 인사 기록을 정확하게 관리한다.
□ 4. 건강 및 안전 규정을 철저하게 수행한다.
□ 5. 직원을 위한 업무 기준을 정의한다.

- ☐ 6. 직원을 위한 공정하고 합리적인 표준 작업량을 산정한다.
- ☐ 7. 개별 직원들의 업무 평가를 한다.
- ☐ 8. 직원들의 문제들과 불평을 처리한다.
- ☐ 9. 늘어나는 문제들에 대해 마태복음 18장 15~17절을 적용한다.
- ☐ 10. 능력 있는 대리 교사를 충원한다.
- ☐ 11. 수업 시간 전에 매일 아침 직원 기도를 할 수 있는 좋은 프로그램을 준비한다.
- ☐ 12. 직원들 사이에 성령의 하나됨을 유지한다.
- ☐ 13. 개별 직원들의 영적·전문적 성장을 격려한다.

2. 감독

- ☐ 1. 학급에서 수행되는 일반적 방법들과 절차들을 마련한다.
- ☐ 2. 정책을 수립하고, 그것을 직원 매뉴얼이나 핸드북의 형태로 정리한다.
- ☐ 3. 직원 상임위원회를 조직한다.
- ☐ 4. 위원회 혹은 특별한 보직에 대해 직원을 임명한다.
- ☐ 5. 연수 프로그램을 계획한다.
- ☐ 6. 정기적 직원회의를 준비한다.
- ☐ 7. 교육 기준, 정책, 절차를 수립한다.
- ☐ 8. 입학시험/면접 프로그램을 수립하고 감독한다.
- ☐ 9. 매해 시험 프로그램을 수립하고 감독한다.
- ☐ 10. 개별 교직원들과의 정기적 회의 계획을 수립한다.

- ☐ 11. 다른 행정 직원과의 업무를 조정한다.
- ☐ 12. 건물과 운동장이 적절히 유지되도록 주의한다.
- ☐ 13. 학생의 영구 기록의 보존과 보관을 감독한다.
- ☐ 14. 학교의 활동을 교회 활동과 조정한다(만일 학교가 교회 학교이거나 교회에 위치한다면).

3. 연구

- ☐ 1. 각 단계별 수준을 위한 범위와 순서를 보여 주는 수업 진도표를 만든다.
- ☐ 2. 학교의 문제들을 파악한다.
- ☐ 3. 학교 문제를 위한 해결책을 강구한다.
- ☐ 4. 고유의 문제들을 확인하고 해결하기 위해 직원들을 격려한다.
- ☐ 5. 중요한 교육적 연구에 뒤떨어지지 않아야 한다.
- ☐ 6. 어떤 교재, 비품, 공급이 필요한지를 파악하고 필요에 앞서서 잘 지시한다.
- ☐ 7. 장기(長期) 계획위원회의 주요 구성원을 조직한다.
- ☐ 8. 학교가 완성되어감에 따라 공인 기관으로 적합하도록 학교를 준비시킨다.
- ☐ 9. 학교의 성장에 관해 정확한 5개년 계획을 수립한다.
- ☐ 10. 전문적 성장을 위한 개별적 훈련 프로그램을 가진다(가능한 한 많은 기독교 학교 회의 및 집회에 참석하라).
- ☐ 11. 각 교사들의 전문적 성장을 위한 개별 프로그램을 지원한다.

- ☐ 12. 경험이 많은 기독교 학교 교장들과 정기적으로 교류한다(가까이에 없다면 편지나 이메일, 전화를 통해 접촉).
- ☐ 13. 어디에서건 학교를 증진시킨다.

4. 재정

- ☐ 1. 기도하며 학교가 재정적으로 안정되도록 열심히 일한다.
- ☐ 2. 학교 예산을 개발하고 관리자가 효과적으로 수행할 수 있도록 돕는다.
- ☐ 3. 위원회의 구매 정책을 따른다.
- ☐ 4. 예산 초과 사용 전에 위원회의 허가를 받는다.
- ☐ 5. 재정 업무에 있어 정보에 근거한 능력을 보유한다.
- ☐ 6. 교사들에게 그들의 급여수치가 어떻게 추출되어지는지를 보여주기 위한 급여 산정표를 개발한다.
- ☐ 7. 직원들이 구매를 위한 학교의 절차를 이해하고 따르는지 확인한다.
- ☐ 8. 소규모 현금 기금을 설립하고 감독한다.
- ☐ 9. 학교 건물에 밤새 현금을 두는 일을 위해 안전 예방조치를 설정한다.
- ☐ 10. 학교 사무실의 모든 재정 사용에 대한 절차를 수립한다.
- ☐ 11. 때때로 잠정 후원자에게 학교의 재정적 필요에 관하여 이야기하고 편지를 보낸다.
- ☐ 12. 다음 연도 예산 작성을 준비한다.

5. 위원회-관리자 관계

- ☐ 1. 위원회와 관리자는 의사소통의 연결 고리를 발전시킨다.
- ☐ 2. 관리자는 위원회와 전문적 연관 관계를 발전시킨다.
- ☐ 3. 교장은 교육 관료의 책임자로서, 위원회의 공적 대변인으로서, 또한 교육 지도자로서 역할을 감당해야 한다.
- ☐ 4. 관리자는 위원회의 조직과 절차를 이해한다.
- ☐ 5. 관리자는 모든 위원회 회의에 출석하고 회의 내용을 기록한다.
- ☐ 6. 관리자를 위한 잘 정리된 업무 규정을 관리자와 위원회 모두의 동의 하에 만든다.
- ☐ 7. 기타 모든 직원들을 위한 직무 규정을 개발한다.
- ☐ 8. 행정 순서도는 모든 행정 직원들에게 각 직책의 역할과 책임을 보여주도록 개발되어야 한다.
- ☐ 9. 위원회-관리자 정책을 분명히 이해하고 이를 수행한다.

6. 몇 가지 제안들

1. 교장 또는 위원회 위원의 아내들은 학교의 직원으로 자리를 가지지 않는 게 현명하다.
2. 목회자는 교장으로서 헌신할 시간을 갖기가 매우 어렵다. 학교 규모에 따라 다른 사람이 교장으로 봉사하거나, 교장을 자문할 사람이 절대적으로 필요하다.
3. 기독교 학교와 교장을 위한 전국적, 지역적 조직에 동참하라.
4. 기독교 학교 지도자를 위해 몇 가지 직함이 필요할 때 지역 사회에

서 이해될 수 있는 직함들을 선택하라. 학교가 성장함에 따라 나중에 사용할 더 큰 직함보다 학교가 시작될 초기에는 작은 직함을 사용하는 것이 유용하다.
5. 만일 교장이 교장직에 대해 잘 훈련되지 않았다면, 가능한 한 빠른 시일 내에 기독교 학교 행정에 익숙해지도록 적절하게 훈련받는 것이 좋다.

7. 결론

기독교 학교 지도자는 성직자라고 할 만하며, 결코 쉬운 직업이 아닙니다. 기독교 학교 교장에게는 지속적인 문제들과 끊임없는 스트레스가 있으며 사탄의 방해가 있다. 그리고 최상의 업무 수행을 할 수 있는, 영적으로, 학문적으로 자질 있는 지도자가 부족하다.

하나님을 잘 알고, 창의적이며, 사람과 재정을 공급하시는 하나님을 알며, 동료 교사 및 직원들과 조화롭게 일하고, 어린이와 청소년들의 기쁨과 문제들을 알며, 하나님의 사람들과 일하기 위한 기회들을 적극적으로 포착한다면, 그 기회들은 교장직(職)으로 하여금 전문적 기독교 교육가가 주 예수 그리스도께 한 헌신의 약속을 이루어 가는 매우 행복한 길을 만들어 줄 것이다.

"네 길을 여호와께 맡기라 그를 의지하면 그가 이루시고"(시편 37:5).

기독교 학교 교사 직무 내용 설명서

1. **일반 서술** | 하나님께 찬양과 영광을 돌릴 수 있는 성숙하고 유능하고 책임감 있는 그리스도인으로서, 학생들의 신앙이 깊어지도록 돕기 위해 학과 내용과 교수 기술 및 태도를 습득한다.

2. **자격** | 교사는 예수 그리스도를 구원자와 주로 영접한 사람이어야 한다. 교사는 복음주의 교회의 성실한 교인이어야 하고 분리된 삶을 지도할 수 있어야 한다. 교사는 가야만 할 길로 어린이들을 양육하는 학문적이고 지도력을 가진 영적으로 성숙된 사람이어야 한다. 교사는 모든 학급과 활동에서 그리스도에게 경의를 표하는 학교의 목적을 반영해야 한다.

   교사는 대학 졸업자로서, 하나님에게 가르치는 직업에 부름 받았다고 느끼는 사람이라고 보증되거나 보증할 수 있어야 한다. 기타 자격들은 위원회가 필요하다고 판단한 사항을 추가할 수 있다.

3. **계약** | 학교의원회는 1년 동안 교장이나 학장의 추천을 받는다.
4. **책임** | 교장/학장
5. **관리** | 교생, 고문, 자원봉사자
6. **책임**
1) 영적인 부분
   - 말이나 행동, 그리고 태도에 있어서 예수 그리스도를 본받고 날

마다 동행함을 추구한다.
- 기도, 성경 암송, 성경 연구, 전도, 기독교 공동체에서의 하나됨의 중요성을 본보기로 보여준다.
- 학생, 부모, 관리자 및 스텝을 대할 때 마태복음 18장의 원리를 따른다.
- 학생들이 하나님의 구원을 선물로 받아들이고 믿음 안에서 성장하도록 동기 부여한다.
- 학생들이 그리스도 안에서 가치 있는 사람이라는 것을 깨닫도록 지도한다.

2) 교육적인 부분
- 교육을 위해 하나님 앞에서 기본적인 책임이 있는 존재로서의 부모의 역할을 인지시키고 이러한 부모 교육에 있어 그들을 돕는다.
- 규정된 범위와 순서에 따라, 관리책임자의 계획에 의해 배정된 학급을 지도한다.
- 학기와 분기별 계획을 개발하여 큰 목표를 세우고, 주별 강의계획서를 사용해서 더 섬세한 목표를 세운다.
- 성경적 원리와 기독교 교육 철학을 커리큘럼을 통해 통합한다.
- 학교 철학의 틀 안에서 커리큘럼 목표를 달성하기 위해 효과적인 교수 기법을 사용함으로써 학생들이 학습 과정의 내용을 잘 알고 효과적으로 배우게 한다.

- 학생의 최선의 노력을 자극하며 개인적 필요와 관심, 그리고 능력을 가능한 한 많이 충족시키는 학습프로그램을 계획한다.
- 다양한 교육적 보조 도구, 방법론, 그리고 자료들을 사용하여 모든 어린이를 영적, 정신적, 육체적, 사회적, 그리고 감성적이 되도록 가르치는 창의적 교습을 제공한다.
- 검증된 경로를 통해 현장 학습이나 초청 강의 및 다른 매체를 균형 있게 이용하도록 계획한다.
- 반복 연습, 복습, 향상 혹은 조사를 위해 학습 과제를 효과적으로 사용한다.
- 정기적으로 학생의 학습 평가를 하고 필요로 하는 과제를 점진적으로 제공한다.
- 학교 및 학급에서 원칙을 잘 준수하고 좋은 학습 환경을 위한 조건을 만든다.
- 규정된 의무를 이행하지 못하게 될 경우 교장/학장에게 알리고 대리 교사를 위해 충분한 정보와 교재를 준비한다.

3) 교육 외적인 부분
- 학교 운영과 관련되는 모든 정책, 절차 및 지시들을 수행하는데 있어 위원회 및 관리자와 협력한다.
- 개별 학생 발달의 포괄적 지식에 필요한 정기적이고 정확한 출석, 졸업 기록을 유지하고 보존한다.
- 학생, 부모, 그리고 관리자들에게 성장 또는 부족한 부분에 대한

정보를 제공하며 실패에 대해 충분한 주의를 준다.
- 깨끗하고 흥미를 돋우며 잘 정리된 학급을 유지한다.
- 과외의 활동이나 야외 수업 때 아이들을 잘 관리한다.
- 가능하다면 과외 활동에 참석함으로써 학교의 폭넓은 프로그램을 지원한다.

4) 전문적인 부분
- 전문적 성장을 위한 교육 과정 및 교육적 기회에 참여한다.
- 가르침을 받을 만한 자세를 유지하며 교장, 동료, 부모들의 조언을 구한다.
- 학교 내에서 행정 및 관리적 기능을 위한 정보를 제공하고 추천한다.
- 교사 연수, 종교적 수련, 위원회, 교수회(교사회) 및 부모 회의에 주의를 기울이고 헌신적으로 참석한다.
- 비상시 해결하는 절차를 인지한다.
- 학교 프로그램의 개선에 기여한다.
- 행정적으로 규정된 다른 의무들을 수행한다.

5) 개인적인 부분
- 열정, 예의, 유연함, 성실함, 감사함, 친절함, 자기 통제력, 인내력 및 정확함의 자질을 드러낸다.
- 매일의 스트레스를 감정적으로 안정되며 객관적이고 긍정적인 자

세로 대한다.
- 회의적이며 존중하며 배려하는 마음으로 학생들과 부모, 그리고 교직원들과의 관계를 발전시키고 유지한다.
- 주어진 권위에 성실하고 충실하게 따른다.
- 청결하며 정숙하고 단아한 역할 모델이 되며, 학교 정책에 어울리는 인격적 모습을 유지한다.
- 글을 쓸 때나 대화를 할 때 이해하기 쉬운 말을 사용하고 분명하게 말한다.
- 훌륭한 대인 관계의 필요를 인식하며, 후원자와 일반 대중에 대해 호의를 가지고 전문적인 매너로 학교를 대표한다.
- 외부인사나 자원봉사자에 앞서 가르치는 사역자를 배치한다.
- 그 공동체의 독특성을 인정하고 이해하기 위해 노력한다.

7. 평가 | 업무 수행은 위원회의 방침에 따라 전문적 인사 평가로 평가되어질 것이다.

교장(학장)을 위한 몇 가지 생각들

학교가 교사 직무 내용 설명서를 가지고 있지 않다면 곧 개발할 것을 권한다. 교장은 교사의 정보나 여기에 나와 있는 샘플을 가지고 교사들과 협으할 수 있고, 직원들과 함께 논의할 수 있다. 교사들은 직무 내용 설명서가 평가에 좋은 기초를 제공한다는 것을 이해할 필요가 있다. 직무 내용 설명서는 각 부문에서 그들에게 요구되는 것이 무엇인지를 이해하게 해주며, 의사소통 불일치 같은 오해를 덜어준다. 교사들의 제안을 부탁할 경우, 교장은 교사들의 이야기를 꼭 경청해야 하며 교사들로 하여금 그들의 정보가 중요하다는 것을 알도록 해야 한다. 직원들과 함께 작업한 후에 교장은 직무 내용 설명서 초안을 개발하여 다음 학기 적용을 위해 이를 위원회에 제시해야 한다.

교사 평가 양식 샘플은 이 매뉴얼에 포함되어야 한다. 이것은 학교의 평가 양식 개발을 위해 기초자료로 사용될 수 있다. 교장은 그 샘플을 평가하기 위해 직원들과 함께 작업해야 하고 사용 가능하고 현실적인 모델을 개발해야 한다.

교사 평가시 관리자는 교사를 위한 양식의 사본을 제공해야 한다. 교장은 같은 양식으로 독립 평가를 사용할 수 있다. 두 가지 평가가 완료된 후에 교장과 교사는 함께 만나 그들의 평가와 주요한 차이점들을 토의할 수 있다. 이런 토의는 종종 개선을 이끌어내고, 이를 목록화 할 수 있다. 교사나 교장 모두 종합적인 면접을 할 때 평가 양식에 서명해야 하며, 이 양식은 교사 인사기록과 함께 편철해 보관될 수 있다.

교사 입사지원서

(모델) 기독교 학교에 대해 관심을 가져주셔서 감사합니다. 만일 당신이 이 일에 적합하다고 생각한다면, 이 입사 지원서를 학교 사무국 앞으로 보내 주기기 바랍니다.

우리는 직업적으로 철저하고, 아이들을 사랑하며, 기독교적인 삶을 영위하는 사람을 환영합니다.

당신의 입사지원서가 도착하기를 기대하며, 하나님의 전능하신 능력으로 지원자 개개인의 삶을 풍요롭게 해주실 것을 기도합니다.

- 지원 날짜
- 일할 수 있는 날짜
- 희망직종
- 풀타임 ☐ 파트타임 ☐

1. 지원자의 이름 및 주소
   - 성명
   - 성별 남( ) 여( )
   - 현주소
   - 전화번호

2. 개인 정보
- 결혼 유무 미혼□ /약혼□ /결혼□ /별거□ /이혼□ /재혼□ /미망인□

  이혼했거나 재혼했다면 그 이유를 기재해 주십시오(별첨 요망).
- 배우자의 이름
- 직업
- 결혼년도
- 자녀수
- 나이

3. 기독교적 배경

별첨 자료를 통해 기독교적 배경을 작성하시오.

1) 성경
- 성령으로 쓰여진 절대무오한 하나님의 말씀인 성경을 믿으며, 신앙과 행위와 진리에 대한 모든 문제에 있어 최종적인 권위가 성경에 있음을 믿는가? 예 □ 아니오 □

  서명

2) 신앙의 진술
- 신앙 진술서를 주의깊게 읽고 당신의 의견을 알려 주시오.
- □ 나는 거부감 없이 신앙 진술서를 완전히 지지한다.

  서명
- □ 나는 별첨자료에 기록되고 설명된 것과 다름없이 신앙 진술서를 전적으로 지지한다.

서명
3) 교회
  • 당신의 지역 교회가 소속되어 있는 종파
  • 현재까지 얼마나 다녔는가? 연수
4) 서비스
  • 교회에서는 어떤 활동을 했으며, 정기적으로 그 일을 했는가?
  • 그리스도인이 된 이후로 다른 기독교 사역에 참여해 본 적이 있는가?
  • 다른 인종의 사람들과 다른 종파 사람들에 대한 당신의 태도는 어떠한가?
  • 성경 학급을 지도할 수 있는가?
  • 당신이 선호하는 주제는 무엇인가?
5) 신앙적인 삶
  • 평소에 당신의 성경공부와 기도 생활은 어떠한가?

  • 최근에 영적으로 도움 받은 책은 어떤 책인가?

4. 직업적 검증
1) 공식 훈련 : 당신이 현재 갖고 있는 학위는 무엇인가?

- 학위 | 수여날짜 | 수여기관

- 전공   • 부전공
- 평균 평점 : 학사   대학원

졸업 증명서 및 성적 증명서 첨부

2) 교사 경력

- 가장 최근의 경력부터 순차적으로 기입해 주시오.

- 교사 경력 기간 : 공적기관   기독교 기관
- 최근에 직장을 그만둔 이유를 기입하시오.

만일 가능하다면, 별첨자료를 통해 설명하시오.

3) 기타 경험

- 지원에 필요한 경우 여타 직업이나 군 생활을 기입하시오.

- 여행을 포함한 경험흔- 교육이 있다면 그 장점을 기록하시오.

- 교사 평가가 어떻게 당신에게 도움이 되는지를 기술하시오.

---

5. 개인적이고 즈 업적인 참조인

참조인 사항에 가족 구성원이나 친척을 기입하지는 마시오.

당신의 영적 경험이나 기독교 봉사 활동을 증언할 수 있는 세 명의 참조인을 기입하시오. 먼저 현재 목사님을 기입하시오.

- 개인적 : 이름 | 주소 | 전화번호 | 직종

- 직업적 : 당신의 개인적 훈련과 경험을 증언할 수 있는 세 사람을 기입하시오(최근의 상사, 교장, 또는 감독자를 기입하시오).

  이름 | 주소 | 전화번호 | 직종

---

6. 개인의 철학

아래 질문에 한 단락이나 두 단락으로 답하시오.

1) 단문 에세이

- 당신은 왜 기독교 교육에 참여하기를 희망하는가?
- 다른 학교와 기독교 학교를 구분하는 주된 특징이 무엇이라고 보는지 진술하시오.
- 당신은 학급 분위기가 어떠해야 한다고 생각하는가?
- 당신의 교육관은 무엇인가? 체벌에 대한 당신의 태도는?
- 당신의 강점은 무엇이라고 생각하는가? 당신의 약점은?
- 지구와 인류의 기원에 대한 당신의 믿음은 무엇인가?
- 이 일이 당신에게 적합하다는 것을 보여줄 수 있는 추가적인 모든 정보를 요약해 주시오.

다음 아이템도 포함될 수 있을 것이다:

- 해외 학교에서 일하는 것에 대해서 어떻게 생각하는가?
- 외국에서 일하는 것이 당신의 적성에 맞는가?

7. 개인적 관심사

자격증, 직장, 상장 및 자랑거리에 대해 기술하시오.

고등학교 _____

대학 _____

현재 _____

- 취미와 개인적 관심사를 기술하시오.

8. 계획을 발전시키기

• 당신이 주기적으로 읽는 정기 간행물은 무엇인가?

_____

_____

8. 지원자의 동의서
- 나는 학교가 동등한 기회를 제공하는 고용주이고, 고용에 있어서 인종상, 국가상, 윤리상의 이유로 사람을 차별하지 않는다는 것을 이해한다.
- 나는 입사 지원서가 사실과 다르지 않으며 최선을 다해 작성했음을 증명한다. 진술이나 주요 사실에 관해서 어떠한 허위 진술도 하지 않았음을 밝히며, 고용되더라도 만약 사실과 다를 경우 해고될 수 있음을 받아들인다.
- 나는 학교가 구술면접 등 나의 경력과 개인사에 대해 묻는 것을 지원자로서 용인한다. 학교가 요구하는 모든 정보의 제공을 용인하며, 어떤 사람, 조직, 또는 회사에 이 같은 정보를 제공하는 것을 문제 삼지 않는다.

서명 : 지원자 _____ (인)   날짜 _____

만일 당신을 채용하지 못한다면, 이 지원서를 다른 기독교 학교에 개방하여 공유하는 것을 허락하는가? 예 ☐ 아니오 ☐

개인적 추가 질문

더욱 정확한 심사를 위하여 다음 추가 질문에 성실히 답변하여 주시기 바랍니다.

1. 개인 정보
1) 건강
- 최근에 신체검사를 받은 적이 있는가?
- 과거 3년 내에 질병을 앓은 적이 있는가? 있다면 얼마 동안 앓았는가?
- 현재 복용하고 있는 약이 있는가?
- 학교 프로그램에 참여하는 데 육체적으로나 건강면에서 능률을 저해하거나 영향을 미칠 요소가 있는가? 만일 있다면 설명하라.

2) 개인 배경 정보
- 해고를 당한 적이 있거나, 해고를 회피한 적이 있거나, 사표를 낸 적이 있는가? 예 □ 아니오 □
  만일 그렇다면, 그 이유를 설명하시오.

- 당신은 정직하지 못하거나, 신뢰를 깨뜨리거나 아동 학대, 또는 도덕적으로 문제될 수 있는 행동을 하거나 범죄 행위를 한 적이 있는가? 예 □ 아니오 □

만일 그렇다면, 그 이유를 설명하고, 날짜 등을 기록하시오.

---

3) 재정 : 당신은 최근에 심각한 재정 문제에 봉착해 있는가?

2. 시사 문제

우리는 일치하지 않는 신념과 가치가 혼재되어 있는 다원주의 사회에 살고 있다. 만일 논쟁의 여지가 많은 특정 사회 문제에 대해 학생으로부터 질문을 받는다면 어떻게 하겠는가? 당신의 개인적 신념을 피력해 보라. 이 질문들은 학생들에게 당신이 어떤 역할을 할 수 있는지를 알기 위한 것이다. 기독교적 신념에 입각한 당신의 견해를 피력해 보라.

- 와인, 맥주, 그리고 다른 알코올 음료
- 흡연이나 씹는 담배
- 마리화나와 다른 마약
- 락음악
- 기독교적 락음악
- 혼전 섹스
- 이혼과 재혼
- 낙태
- 동성애
- 동거와 비밀 모임

3. 추가 정보

아래 질문에 대해 한 단락이나 두 단락으로 답하시오.

- 만일 당신이 결혼한다면, 배우자에게 기독교 학교에서 일하는 것에 동의하게 할 수 있는가?
- 학교의 신앙 진술서에 포함되지 않은 어떤 신조를 강하게 견지하는 것이 있는가?(예를 들어 기악을 예배 시간에 해서는 안 된다 등) 만일 그렇다면, 그 이유를 자세히 기술해 보라.
- 흔히 기독교 학교는 복음주의 교단의 자녀들을 더 많이 입학시킨다. 만일 그것이 신학적으로 논쟁거리이고, 당신의 견해와는 다른 교회의 견해라면 그런 아이들의 질문에 어떻게 대처하겠는가?
- 아이들이나 청소년들을 전도해 본 적이 있는가? 만약 있다면, 그 과정을 묘사해 보라.
- 지원서나 학교의 안내서를 읽은 후에 궁금한 사항이 있다면 적어 보라.

서명 : 지원자 　　　　　　　　(인)　날짜

직업적인 추천서

날짜 _____

_____ 는 세계 도처에 있는 기독교 학교의 교원으로 적합
(지원자 이름)
합니다. 그(그녀)는 성품이나 건강에 있어 제 몫을 해낼 사람입니다.

· **부탁의 말씀** : 위의 지원자를 채용함에 있어 신중한 결정이 필요하므로 다음 질문에 대한 답변이 매우 도움이 됩니다. 이 정보는 매우 중요하므로 질문에 대해 성심성의껏 답변해 주시기를 부탁드립니다. 작성하신 모든 기록은 비밀이 보장됩니다. 답변에 수고해 주셔서 감사합니다.

1. 지원자를 알고 지낸지가 얼마나 되었는가?
2. 당신이 알고 있는 지원자의 인간 관계는 어떠한가?
3. 지원자의 가정 환경과 상황은 어떤지 기술해 주시오.
4. 지원자가 이성에 대해서 어떠한 태도를 지니고 있는가?
5. 지원자는 봉사하기에 충분히 건강한가?
6. 지원자의 기독교적 신앙을 설명해 주시오.
7. 당신은 지원자가 좋은 기독교 학교 교사가 되리라고 믿는가? 그리고 지원자가 계속해서 좋은 교사 생활을 유지할 수 있다고 보는가?
8. 지원자가 학생들에게 영향을 미칠 수 있는 특별한 장점과 약점을 가지고 있는가?
9. 지원자는 올바른 제안을 잘 수용하는가?

10. 지원자가 다른 이들과 어울려 일을 잘 수행하는가? 또는 그(그녀)가 다른 이들과 어울리지 못하는 외톨이는 아닌가?
11. 충분한 준비, 시간 안배, 작업 습관 등 지원자가 가르치는 태도는 성실한가?
12. 지원자가 교과서를 잘 이용하고 교육 재료를 잘 활용하는가?
13. 지원자가 교육 재료의 기준을 창의적으로 잘 활용하는가?
14. 지원자는 아이들에게 교육 재료가 적합한지를 고려하는가? 또는 아이들과 교육 재료를 잘 조화시키는가?
15. 지원자의 결정이 중요한 영향을 미치게 된다면, 지원자가 어느 분야에 봉사하는 것이 적합하겠는가?
    - ☐ 여행, 모험, 또는 문화적 발전에 적합하다.
    - ☐ 특권이 적은 사람들을 통제하고 그 힘을 배가시켜 주는 일에 적합하다.
    - ☐ 어려운 사람, 가족, 또는 직업 상황에 처한 사람을 돕는 일에 적합하다.

- 요약 : 이러한 섬김에 있어 지원자는 약속을 잘 이행하는가?
    - ☐ 어기는 경우를 거의 보지 못했다
    - ☐ 뛰어나다
    - ☐ 높은 편이다
    - ☐ 좋은 편이다
    - ☐ 보통이다

☐ 평균 이하이다
  ☐ 실망스럽다
- **요약 단락** : 봉사를 하는 데 있어서 지원자의 건강이 어떤지를 솔직히 답변해 주기 바란다. 중요한 추가 정보가 있다면 별첨 자료를 통해서라도 알려 주기 바란다(별첨자료 요망).

아래의 질문 사항은 지원자를 좀 더 이해하는 데 도움이 되는 사항들이다. 지원자에 대한 정확한 정보와 평가를 기대한다(아래 해당 번호에 체크하시오). 낮은 확률 1부터 높은 확률까지 배열하였다.

- **외모** : 적절한 옷을 입는다. 노출 의상을 입지 않고 되도록 단정하게 옷을 입는다.
  ☐ 1 2 3 4 5 6 7 8 9 10
- **협력** : 다른 이들과 잘 협력한다. 집단 활동에서 좋지 못한 상황에 잘 대처하고 책임감을 갖고 성실히 행동한다.
  ☐ 1 2 3 4 5 6 7 8 9 10
- **생활방식** : 현실적이기보다는 낙관적이다. 개인의 문제를 비관적으로 바라보기보다는 긍정적으로 바라보는 경향이 있다.
  ☐ 1 2 3 4 5 6 7 8 9 10
- **사회적 태도** : 남성이든 여성이든 차별 없이 구성원들과 원만한 사회적 관계를 잘 맺고 있다. 연령에 관계 없이 쉽게 친해진다.
  ☐ 1 2 3 4 5 6 7 8 9 10

- 적응력 : 변화나 어떤 상황에 직면했을 때 경직되지 않고 유연하게 잘 대처한다. 그리고 다른 사람들을 잘 이해하고 합의를 잘 도출해 낸다.
  ☐ 1 2 3 4 5 6 7 8 9 10
- 정신적 능력 : 조심성이 있으며 책임감이 있다. 새로운 도전과 기회에 대해 창의적으로 대응한다.
  ☐ 1 2 3 4 5 6 7 8 9 10
- 기독교적인 삶 : 교회에 책임감을 갖고 있으며 봉사에 정규적으로 참여한다. 교회 사역에 최선을 다한다.
  ☐ 1 2 3 4 5 6 7 8 9 10
- 감정적 안정성 : 우울해지거나 쉽게 화내지 않는다. 자기 조절 능력을 갖고 있다.
  ☐ 1 2 3 4 5 6 7 8 9 10
- 신뢰도 : 정직하고 신뢰할 수 있다. 불평 없이 맡은 바 의무를 성실히 이행한다. 서두르지 않고 책임을 완수한다.
  ☐ 1 2 3 4 5 6 7 8 9 10
- 건강 상태 : 체중 과다가 아니며 체력적으로 양호하다. 활동력을 유지할 수 있고, 질병 없이 일상 생활을 할 수 있다.
  ☐ 1 2 3 4 5 6 7 8 9 10
- 재정적 습관 : 수표와 재정적 의무를 정해진 기간 내에 제대로 준수한다. 과소비하지 않으며 정해진 재정 한도 내에서 주의깊게 생활한다.

☐ 1 2 3 4 5 6 7 8 9 10
- **생활 방식** : 알코올, 마약 또는 공격적인 언행을 일삼지 않는다 (앞서 이야기한 중에서 해당되는 것이 있다면 기입해 주기 바란다).

    ☐ 1 2 3 4 5 6 7 8 9 10
- **지도력** : 다른 이들을 이끌 능력이 있을 뿐만 아니라 다른 이들을 존중할 줄 아는 지도력을 겸비했다. 다른 이들이 보고 배울 수 있는 지도력을 지녔다.

    ☐ 1 2 3 4 5 6 7 8 9 10

서명 ------
주소 ------
연락처 ------

인사 형식

직원을 고용할 때에는 학교의 인사 형식을 제공하라. 이 기록은 경리부에 필요한 인적 사항을 제공한다.

꼭 기록되어야 할 정보는 다음과 같다.

출생일 | 나이 | 긴급 연락처 | 친척 관계 | 주민등록번호
그 외 적절한 다른 정보 – 의료보험 | 수업료 | 급여액

교사 평가 양식

다음은 교사 평가의 샘플이다. 첫째 장은 간단한 양식이고, 뒤의 양식은 보다 상세한 질문을 담고 있다. 이러한 양식을 만드는 가장 좋은 방법은 교사들에게 자기 평가서를 작성하게 하고, 교장(또는 교사 평가를 하는 사람)이 교사를 방문하여 다른 평가서를 완성한다. 그리고 교장(혹은 평가자)은 두 평가서를 참고하여 더 향상되고 변화된 평가서를 완성할 수 있다.

교사 평가 I

교사 성명

가르쳐지는 과목

수준과 부분

평가자   날짜

1=불만족 2=향상을 요함 3=평균 4=평균보다 상위 5=뛰어남

	1	2	3	4	5
1. 교사의 개인적 자질(65점)					
일반적인 모습					
학생들에 대한 반응					
학생들의 문제에 대한 반응					
자기 통제력					

	1	2	3	4	5
적합한 목소리 수준					
융통성					
타성주의(매너리즘)					
열의					
창의력					
신뢰감					
개인적 성장					
전문성					
유능한 판단력					
2. 참여(50점)					
공동체 의식					
비판에 대한 태도					
협동적 관계 : 교사 – 교사					
교사 – 학생					
교사 – 교장					
교사 – 학부모					
학교 규칙의 준수					
시간 엄수					
권위체계에 대한 존중					
규정 외의 으무 수행					

	1	2	3	4	5
3. 교수 방법과 진행(105점)					
낭독					
구두 보고서					
구두 응답					
토론					
엄격한 훈련					
간단한 시험					
강의					
질문과 답변					
자습					
칠판수업					
과제물 체크					
풍부한 교수자료					
개인차를 위한 준비					
강의에 대한 명확한 계획					
학생들의 동기 부여					
공평함					
학생들의 수준에 맞춘 학습 : 조정하는 경험을 학습					
가르치는 동안의 서 있는 모습					
성경적인 통합					
좋은 학습과 작업 : 습관에 대한 격려					

	1	2	3	4	5
4. 학급 밖의 관리(25점)					
클래스 라인					
화장실 관리					
휴식/중단 통제					
점심시간 관리					
퇴학 관리					
5. 교실 생활지도(HR)					
수업 중 학생의 자세					
기도					
국기에 대한 경례					
점심식사 수의 산출					
출석					
지각자/결석자 보고					
6. 교실 외관의 모습(30점)					
의자 또는 책상					
책상의 간격					
흑칠판/백칠판					
게시판/벽					
선반/진열장(수납장)					
일반적 정돈성					

	1	2	3	4	5
7. 학생들의 반응(40점)					
학습 과목에 대한 이해					
사고 과정의 성숙					
자세					
말하기					
태도					
주의와 흥미					
학급 참여					
교사 존경					
합계					
총점					

교사 평가 II

이름

평가 기간   부터   까지

평가자   평가 일시

▷ 다음 항목들은 1에서 6까지의 단계로 평가한다.

1 = 뛰어남 : 두드러짐

2 = 매우 잘함 : 직책의 요구사항에 대해 평균을 뛰어넘음

3 = 잘함 : 직책의 요구사항에 대해 매우 만족스럽고 적절함

4 = 보통 : 직책에 기대되는 능력이 충분하지 않으나 불만족스럽지는 않음

5 = 불만족스러움 : 직책에 매우 적절하지 않음

6 = 부적합함 : 정노를 사용할 수 없거나 진술이 적합하지 않음

	1	2	3	4	5	6	논평
1. 교사/학생 관계							
학생이 바람직한 자아개념을 발달시키고 그들 스스로를 현실적으로 볼 수 있도록 돕는 환경과 경험을 제공한다.							
학생 능력의 수준 차이에 민감하여 그들이 최고 단계에 이를 수 있도록 격려한다.							
학생들에게 존경을 받는다. 안정되고 자발적인 참여는 문제 행동을 최소화시키고, 질서와 긍정적 기독교 훈련을 유지하게 한다.							
정의롭고 공정한 방식으로 문제 행동을 적절하게 다룬다.							
배움과 경험을 최대화 하는데 도움이 되는 환경을 제공하고 그것을 증진시킨다.							
2. 교사/교직원 관계							
다른 교직원들과 함께 협조적으로 일한다.							
다른 교직원의 기여와 능력을 인정한다.							
동료들에게 인정 받고 존경을 받는다.							

	1	2	3	4	5	6	논평
교과 활동 이외의 일에도 책임감을 가지고 협동적으로 임한다.							
행정상의 결정이나 과제를 받아들인다.							
개인 의견에 상관없이 결정하면 협력한다.							
진행상의 변화에 쉽게 적응한다.							

3. 교사/학부모 관계

	1	2	3	4	5	6	논평
교사와 학부모의 서로 간 만남과 대화에 있어 긍정적인 분위기를 조성한다.							
교사는 특수한 작업 환경을 이해하고 학부모와 사회에 기독교 학교의 목적을 전달한다.							

4. 영적인 특성

	1	2	3	4	5	6	논평
영적으로 견고한 생활 양식을 가지고 의욕적으로 성장한다.							
문제를 해결할 때 성경적 해결책을 찾는다.							
학생들의 영적 성장의 기회를 제공한다.							
하나님의 말씀과 예배 안에 기도, 교제, 교육을 제공하는 교실을 유지한다.							
당면한 주제들을 적극적으로 기독교적 가치로 해석하고, 기독교 교육과 통합한다.							
질적인 예배 프로그램을 제공한다.							
선생님과 직원들의 영적 분위기에 기여한다.							

	1	2	3	4	5	6	논평
5. 인격적인 조건							
자신감이 있다.							
절차나 예상되는 상황에 있어서의 새로운 문제나 변화에 잘 적응한다.							
잘 준비됐지만, 유연성을 가지고 적응한다.							
기대하는 임무를 수행할 수 있도록 건강한 신체를 유지한다.							
정확하고 일관성 있고 신뢰할 수 있게 임무를 수행한다.							
균형있게 문제에 직면하고 해결함으로써 정서적으로 안정됨을 보여준다.							
적절하며 잘 손질된 옷을 입는다.							
철저함과 완성도가 요구되는 보고서와 요약, 논평을 제출하는 시간을 엄수한다.							
분명하게 말하고, 정확한 언어를 사용한다.							
충분히 침착할 때 말하고 행동한다.							
학교에서의 모든 활동과 프로그램, 연구 과제들에 있어서 시간을 엄수한다.							
학교 프로그램과 경영을 통제하는 정책, 절차, 역할과 지도원리에 협력하고 따른다.							

143

	1	2	3	4	5	6	논평
6. 전문적인 능력							
인정받음을 정중하게 수용한다.							
비평을 흔쾌히 받아들인다.							
00에 대해 말할 때 신중하다 : a. 학생							
b. 직원							
c. 부모							
d. 학교							
다른 사람들에게 진심에서 우러나오는 존경과 관심과 따스함을 보인다							
특권을 남용하지 않는다.							
가르침의 소명과 사역에 자긍심을 가지고 직업적 윤리관과 마음가짐으로 행동한다.							
불만과 이해하지 못하는 문제들 해결함에 그리스도인의 성실함으로 한다.							
주어진 업무를 이행함에 있어 부지런하고, 명예롭게 위임된 일에 책임을 다한다.							
연구와 탐구를 통해 전문가로 성장한다.							
성장을 위한 특별한 기회에 참여한다.							
업무 향상을 평가하고 계속 노력한다.							
학교 프로그램을 향상시키거나 활동적으로 구상하는 일을 주도하고 참여한다.							

	1	2	3	4	5	6	논평
7. 계획							
분명하고 깊은 생각을 거친 교육, 목표, 개념을 활용한다.							
조직과 목적, 목표를 분명히해 학생들이 연구 과제나 활동의 의미를 이해하게 한다.							
각 강의는 분명하면서도, 내용이 교과 목표와 학생들의 수준에 맞추도록 적당한 교육 방법이나 기법들을 선택하여 적절하게 수행한다.							
교과목과 병행하는 교구들과 자료들은 수업 내용과 개념고 분명하게 연관시킨다.							
최대한 학생에게 격려와 성취감을 주도록 활동 공간을 준비한다.							
8. 수행							
교수 방법과 교실의 일상적인 일들을 효과적으로 수행한다.							
교실을 건강하고, 매력적이고, 자극적이도록 유지시킨다.							
학생과 함께 리더십의 원리를 훈련한다.							
변화 있고 자극(흥미)적인 수업을 한다.							
각 과목을 성경적 원리로 통합시킬 수 있다.							

	1	2	3	4	5	6	논평
각 나이에 맞게 적절한 방법으로 수업한다.							
훌륭한 수업과 업무 습관을 몸에 익혀 학생들을 돕는다.							
제시된 학습 목표에 도달하는 성공을 성취하도록 학생들에게 동기를 부여한다.							
예의바르고 다른 사람을 존중하는 면에서 성숙하도록 동기를 부여한다.							
각 개인의 성숙의 정도에 따라 어떻게 각자의 책임과 책무안에서 그들을 성숙시킬 수 있는지 스스로 판단하고 격려할 수 있도록 학생들을 훈련한다.							

개선할 필요가 있는 분야

저는 이 평가서를 받고 읽었으므로 이에 서명합니다.

의견 :

날짜 　　　　　　　서명

평가자

시설

시설은 기독교 학교 계획에 있어 중요한 요소이다. 시설들은 새 건물이거나 아주 뛰어난 건물일 필요는 없다. 그러나 기능적이고, 깨끗하며, 쾌적해야 한다. 시설들은 가능한 한 학교의 기본적 필요들, 즉 교실 공간, 대형 회의실, 그리고 실내와 실외 활동, 놀이를 위한 공간을 구비해야 한다.

1. 학교 시설물에 관한 정부 기준이 있다면 구해 두라.
2. 교실과 회의실로 사용할 수 있는 장소를 정하라.
3. 실내와 실외의 놀이 시설들을 점검하라.
4. 인가가 필요하다면 적합한 기관에서 인가를 얻어라.
5. 시설 사용(임대 교회 시설 임대 등)을 위한 계약을 하라. 모든 계약은 협의하고 서명해야 함을 명심하라.
6. 필요하다면, 건물 개조나 변경을 위한 계획을 세우라.
7. 커튼, 블라인드, 가구 등에 필요한 보수를 하라.
8. 학교에서 사용할 체육관을 정하고 계약을 체결하라.
9. 정기적인 모임과 율동 등이 가능한 홀이나 대형 공간이 반드시 있어야 한다.

10. 놀이나 휴식에 적합한 공간이 있는지 다시 살펴보라. 그리고 필요한 시설들은 유용하고 기능적인지 확인하라.
11. 도서관과 미디어 센터 개발을 시작하라.

교실 필요조건 (체크리스트 1, 2, 4~7)

교실과 다른 시설에 관한 정부 규제나 요구사항들이 있는지 알아보는 것이 중요하다. 아이들 좌석과 칠판까지의 거리나 교실에 필요한 채광, 교실 크기에 비례한 최대 학생 수, 학교 크기에 비례한 화장실 수, 화재 비상구에 용이한 접근, 휴식시간을 위한 놀이 공간 등에 관한 요구사항이 있을 것이다.

정부의 규제가 없거나 극히 적다면, 교장과 위원회는 필요조건을 생각해 보아야 한다. 그리고 학교의 시설은 반드시 안전하고, 쾌적하고, 기능적이고, 합리적으로 준비되어야 한다. 비품을 선택할 수 있다면, 교실에 카펫은 사용하지 말라. 디자인이나 무늬가 들어간 리놀륨이 가장 깨끗하고 깔끔하게 관리하기 쉽다. 창문에는 너무 강한 빛을 가릴 커튼이나 차양이 필요할 것이다. 교실 사이나 바깥 외벽에 소음을 줄이기 위해 방음장치를 설치하는 것도 고려해야 한다.

놀이 및 운동 영역 (체크리스트 3)

학교의 교실이나 교실 근처에는, 아이들의 쉬는 시간이나 운동 시간을 위한 장소가 필요하다. 비록 당신이 쉬는 시간을 능숙하게 통제할 수 있다 하도(이것은 필수 사항이다) 시설들은 가능한 한 최고로 안전해야 한다는 것을 명심하라. 만약 유치원생이나 저학년 학생을 위한 놀이터 시설이 없다면, 부모들에게 시설물을 세우기 위해 약간의 도움을 부탁하라. 규제와 몇 가지 규칙은 반드시 있어야 하는데, 이것은 아이들이 위험하게 행동하거나, 서로를 밀거나, 무엇을 할지 모르는 상황을 피하기 위한 것이다. 운동장에는 게임을 위한 선이 그려져 있어야 한다.

스포츠 홀 (체크리스트 8)

학교 시간 동안에 쓸 수 있을 스포츠 홀을 섭외하는 것은 그다지 쉬운 일이 아니다. 만약 스포츠 홀이 교실에서 걸어갈 수 있는 거리에 있다면 체육 교과 수업은 매일 기본적으로 들어가거나, 일주일에 3~4회 배정할 수 있을 것이다. 만약 시설이 교실 근처에 있지 않다면 교통수단이 확보되어야 할 것이고, 체육 수업은 45분 수업으로 일주일에 두 번 하는 것이 좋을 것이다. 시설에서 겨울에는 스케이트를 타고, 봄에는 수영과, 테니스, 혹은 다른 스포츠를 하는 것도 가능하다. 교장과 위원회는 최대한 창의적으로 학생들을 위한 흥미롭고 합리적인 체육수업 활동을 만들어야 한다.

율동 공간 (체크리스트 9)

스포츠 홀은 비싸거나 이용이 불가능할지도 모른다. 만약 당신이 근처나 학교 시설 안에 홀이나 큰 방을 가지고 있다면, 그곳에서 유치원생들을 위한 율동을 계획하라. 이런 방법은 스포츠 홀을 빌리는 것보다 비싸지 않고 충분히 만족스럽다. 유치원 시설은 고학년보다 훨씬 적게 필요하다.

도서관/미디어 센터 (체크리스트 11)

시설들은 도서관과 미디어 센터로 사용하기 위해, 책이나 테잎, 비디오, 잡지 등을 조직적으로 수집하고 분류해야 한다(다음에 나와 있는 도서관/미디어 센터를 읽어보라).

도서관/미디어 센터 _ 학교 교육 프로그램의 필수 요소*

새로 설립된 기독교 학교가 운영 초기 몇 년 동안은 재원이 한정될 수밖에 없는 것은 당연하다. 몇몇 학교들은 다른 학교 및 도서관과 연계되지 못하고 단절될 수도 있다. 한정된 재원은 도서관을 발전 시키는 데 많은 어려움이 따른다. 그러나 가능한 한 빨리, 기독교 학교는 선생님과 학생들, 부모들을 위한 도서관/미디어 센터의 개발을 시작해야 한다.

처음에는 작게 시작할 수도 있으나, 도서관이 커질 수 있도록 노력을 계속해야 한다. 도서 및 참고자료, 시설물들의 구입을 위한 기금은 반드시 마련되어야 한다. 이러한 것들 중 일부는 직접적인 기부를 통해서도 가능하다. 작게 시작하는 것을 겁내지 말고 도서관이 성장하도록 열심히 일하라. 도서관은 성공적인 교육 기관을 위해 없어서는 안 될 중요한 부분이다.

아래의 안내 사항은 도서관/미디어 센터의 시작과 유지, 성장을 위한 기본적인 정보를 제공하고 있다. 설립 초기의 몇 년 안에 모든 것을 갖출 수는 없다는 것을 명심하라. 그러나 책과 자료들을 수집하는 일과 도서관/미디어 센터의 성장과 중요한 일들을 좌우하게 될 정책을 만드는 일은 시작할 수 있다. * 해롤드 브래들리(Harold K. Bradley)

도서관 업무의 철학

도서관은 여러 세기 동안 인간 문명의 기록을 재평가하고 보존하는 데 온전히 힘을 쏟는 기관으로 정의되어 왔다(도서관과 미디어센터라는 말은 이 글을 통해 상호 교환적으로 사용되고 있다). 기독교 학교의 미디어 센터는 학교의 기독교 교육 철학, 즉 모든 생물과 인간 활동은 구주이신 예수 그리스도와 연관되어 있다는 가치관과 세계관이 기초가 되어야 한다. 학교의 실체는 하나님과 인간의 본질에 관한 성경적 가르침과, 가르침과 배움에 자리한 성경의 가치들로 나타난다. 기독교 학교의 도서관은 학교가 그 목표를 달성하는 것을 돕고, 학교 프로그램에 기여함으로 정당화 된다.

집중되고, 잘 유지되고, 원활하게 운영되며, 잘 갖추어진 도서관은 학교의 교육 프로그램에서 없어서는 안 될 요소이다. 도서관은 모범적인 교실에서 발견할 수 있는 것보다 양적으로 훨씬 더 다양한 자료들을 가지고 있으며, 학교의 모든 학생들이 동등하게 정보에 접근할 수 있다. 개개의 교실 도서관보다 훨씬 편리하고 효과적이다. 미디어 센터는 학교 안에서 다양한 일을 수행하는데, 다른 어떤 부서보다도 독특하며 효과적인 일들이 행해진다.

1. **정보 제공 역할** | 미디어 센터의 필수적인 역할은 교사와 학생의 후원자(보호자)들에게 정보를 제공하는 것이다. 정보란 하나님의 창조에 관한 발견과 인간이 창조한 것들(소설, 시, 드라마 등), 둘 다를 표현한 지적 내용물을 말한다.

유용한 정보들은 활자로 된 것과 그렇지 않은 것 등 다양한 형태로 표현되며, 또한 이 정보들은 경이로운 속도로 증가하고 있다. 도서관의 고유한 임무는 이렇게 광대한 정보의 세계를 분별하고, 신중하게 선택하여 후원자의 지적 욕구를 가장 잘 만족시켜 줄 정보들로 구성하는 것이다.

학교 도서관은 교육 기관의 한 부서이다. 그러므로 도서관 소장 자료와 서비스는 학교의 필요를 충족시켜야 한다. 가령 학교 도서관은 독서 수준에 맞는 모든 분야에 대한 정보를 만족시킬 필요는 없다.

2. **서비스 역할** | 도서관은 교재를 복사하거나 학습자료를 만들고, 의문들에 관한 연구를 하며, 이해하기 쉬운 시청각 교재들을 만들고, 사람들이 읽고, 조사하고, 공부하는 환경을 제공해야 한다.

3. **교육 역할** | 미디어 센터는 학습 과정에서 필수적이고 중요한 역할을 담당한다. 도서관 직원은 읽고, 보고, 듣는 것에 관한 가이드를 잘할 뿐 아니라 안내문을 설치하거나, 도서관의 이용 방법에 대해서 공식, 비공식적으로 알려주어야 한다. 도서관 사서는 다른 교사들과 상의하고, 조언을 주며, 교재 개발에 참여하고, 책과 독서에 관한 관심을 장려해야 한다.

도서관/미디어 센터 설립에 앞서 필요한 것들
1. **학교 도서관 규칙을 이해하라**

도서관 프로그램의 개발을 원하는 학교의 교장이나 도서관 관장이라면 반드시 도서관 서비스의 일반적 철학과, 학교 도서관 서비스의 기본 내용, 그리고 이러한 서비스들의 한계를 이해하고 있어야 한다.

도서관은 정보 사업이지, 도서나, 시청각 자료, 또는 컴퓨터 사업이 아니다. 도서나 다른 매체들은 그 자체가 목적이 아니라 단지 하나님의 진리가 전달되는 통로일 뿐이다.

도서관은 서비스 기관이다. 시설들과 기구들은 학생과 선생님을 섬기기 위해 존재하는 것이지, 도서관 사서들을 위해 존재하는 것이 아니다.

학교의 후원자는 학생, 교사 또는 학부형이지, 일반 대중이 아니다. 그러므로 소장 자료들은 기본적으로 학교 교과 과정에 적합해야 하며, 공공 도서관의 일반적 소장 자료를 따르기보다는 학생들의 여가 활동과 연구에 적합해야 한다.

학교 도서관 서비스에는 강력한 교육적 요소가 있다. 학생은 학교 도서관이건, 다른 도서관 또는 다른 어떤 곳에서 스스로 자료를 찾을 수 있도록 교육받아야 한다. 훈련이나 교육 배경이 없는 도서관 직원은 프로그램 개발을 돕는 것보다 도서관 서비스에 관해 폭넓게 지식을 쌓는 것이 먼저라는 것을 명심하라.

2. 리더십을 고무시켜라

도서관 프로그램이 잘되고 있다면, 리더십을 고무시키는 것이 필수적이다. 학교의 리더십은 도서관이 어떤 곳이고 도서관이 하는 일이 무엇인지에 대한 정보를 견지해야만 한다. 교장은 모든 면에서 도서관이 원활하게 유지시킬 책임을 가진다.

도서관은 반드시 합리적인 예산과, 적당한 시설, 그리고 무엇보다도 가능한 한 유능한 직원들이 있어야 한다.

3. 권위에 대한 분명한 선을 확립하라

운영자는 반드시 책임자를 분명히 해야 한다. 관심 있는 교사와 학부모로 이루어진 위원회는 교장에 의해 임명되는데, 이 위원회는 전문적인 사서가 없는 상황에서 프로그램을 시작하려고 할 때 매우 효과적일 것이다. 그러나 가능한 한 빨리, 적어도 파트타임 사서라도 책임을 지고 일하는 고용된 사람이 있어야 한다.

이 위원들은 전문적인 사서의 역할을 감당할 수도 있고, 그렇지 못할 수도 있다. 만약 위원들이 사서의 역할을 하는 것이 효과적이지 않다면, 때로는 지역 학교나 공공 도서관의 사서의 도움을 받을 수도 있을 것이다. 이러한 도움이 없다면, 운영자는 반드시 도서관 조직에 관한 잘 쓰여진 정보를 숙지해야 하고, 자료를 공부하는 조직적인 위원을 두어 계획을 발전시켜야 한다.

사서는 직접적으로 학교 교장의 책임 하에 있어야 한다. 도서관 프로그램의 운영자 및 도서관 사서는 학교 안에 있는 모든 비언어 자료와 시청각 자료들을 통합적으로 관리해야 한다. 보관과 사용은 분산될지 모르지만, 능률적으로 활용하고, 재정을 절약하며, 관리를 일원화 하기 위해 자료와 기구들에 대한 책임은 분산되지 않는 것이 필수적이다.

4. 예산 준비

도서관을 잘 개발하려면 많은 돈이 들어간다. 그러나 중앙화된 도서관이 없는 학교들은 때때로 도서관 서비스의 운영비가 교실 예산에 포함되어 있다는 것을 잊어버린다. 만약 도서관 서비스가 전부터 없었다면, 새로운 프로그램을 소개하는 것이(시작하는 경비) 처음에는 부담이 될지도 모른다.

도서관 예산은 학교의 학생 수에 기초하지만, 기초적인 자료는 학교의 학생 수가 아무리 적더라도 이에 상관없이 갖추어져 있어야 한다. 프로그램을 개발하는 예산은 도서관 경비가 학교의 커리큘럼과 현재 제공되고 있는 도서관 서비스와 관련해서 세우는 것이 현명하다. 예산안은 연구 자료들이, 각기 다른 학습 단계에서 다양한 과목들을 위해 구입되고 있음을 보여줄 수 있도록 준비해야 한다.

학교에서 도서관 예산이 전체 학교 예산에서 얼마나 차지할지 정확히 알아보기 위해서, 반드시 학교의 총 예산 안에서 따로 구분하여 처리되어야 한다. 교과서와 교실 비품들은 도서관 지출에 포함시켜서는 안 된다.

5. 일반 정책 세우기

도서관의 일반 정책들은 반드시 문서로 작성해야 한다. 정책은 반드시 학교 도서관 서비스의 철학과 비전을 반영해야 하고 행정상의 관계를 분명하게 해야 한다. 이러한 정책들은 도서관에 대한 행정적 지원을 설명하고 교사, 교장, 학교위원회, 그리고 부모들을 위한 정보를 제공해야 한다.

도서관 프로그램의 구성 요소

도서관은 단순한 장소가 아니라 활동이 일어나는 프로그램이다. 적절한 시설, 인력, 과정 없이는 성공적인 프로그램이 있을 수 없다. 도서관 서비스의 성공 여부는 그것을 운영하는 사람에게 달려 있다.

1. 인적자원
1) 능력 | 이상적으로는 사서는 교육자이면서, 다른 교사들에 비해 능력을 갖춘 사서인 것이 가장 좋다. 도서관에서의 경력도 중요하지만, 열정적이며 도서관 업무에 관심이 있는 적절한 선생님이라면 도서관 일을 배울 수 있다. 도서관 사서로는 능력이 있지만 선생님이 아닌 사람은 학교가 요구하는 교육 과정을 쉽게 이해하지 못한다. 그러므로 반드시 선택해야 한다면, 사서보다는 선생님을 선택하라.

사서는 매니저이기도 하기에 운영 능력을 지녀야 한다. 그는 반드시 집에서도 독서와 섬세한 일을 즐기는 균형 잡힌 기질을 지녀야 하지만, 또 한편으로는 학생과 선생님들과 좋은 관계를 맺을 줄도 알아야 한다.

2) 시간 | 도서관 업무는 시간을 소모하는 일이다. 만약 사서가 일을 제대로 한다면, 그는 반드시 일을 할 많은 시간이 필요하다. 조그만 학교의 사서라면 의심할 것 없이 시간제로 아이들도 가르치게 될 것이다. 하지만 사서에게 선생님의 많은 업무를 기대하면 안 된다. 그는 선생님인 동시에 사서이기 때문이다.
3) 도우미 | 아무리 작은 학교라도 사무 직원은 반드시 있어야 한다. 만약 임금을 받는 직원을 쓸 수 없다면, 학부모나 자원 봉사 학생도 유용하다.

2. 시설들

1) 공간 | 어떤 면에서 도서관에 적합한 공간의 크기는 별 문제가 되지 않는다. 놀라운 일은 공간에 상관없이 일어날 수 있다. 그러나 다른 조건들이 다 똑같다면, 프로그램을 하기에는 공간이 넓을수록 더욱 좋다. 필요한 공간을 계산해 본 후 두 배 정도를 잡아라! 자리를 잡고 설계를 할 때는, 확장할 공간을 미리 마련해 두라.
2) 위치 | 중앙에 자리 잡으면, 모든 학생들이 자료에 쉽게 접근할 수 있어 좋다. 교무실과 가까이 있는 것이 유리하다.
3) 가구와 기구 | 가구를 구입한다면, 유연하게 조절할 수 있는 가구를 고르는 것이 좋다. 도구와 자료들을 보관할 공간은 필수적이다. 일반적인 사무용 가구와 시설은 반드시 있어야 한다.
수리는 필수적일 것이다. 가능하다면 최대한 자유롭게 변형할 수 있도록 만들어 두라. 아마도 당신이 필요하다고 생각한 것보다 두

배쯤 많은 전기 콘센트를 사용하게 될지도 모른다. 색상을 창의적으로 사용하여서 공간을 매력적이고 색감있게 꾸며보라.

최신식으로 시작하라 예를 들어, 서류 정리용 캐비닛보다 스스로 만든 선반 위에 파일을 정리해 보라. 색깔로 표시된 서류철들은 서류 정리에 도움이 될 것이다.

물품을 중앙에서 관리하여 특정 교사가 그것을 '소유'하거나 혼자 사용하지 않게 하라. 미디어 센터의 특별한 물품(사진 복사기, 종이 커터, 코팅기)들을 중앙에서 관리하면 모든 사람들이 이용할 수 있을 것이다. 학교 사무실에 똑같은 물품이 있더라도, 학생들이 쉽게 이용하기 어렵다.

3. 프로그램

미디어센터 프로그램은 자료, 서비스, 교육을 포함한다.

1) **자료의 준비(공급)** | 우리는 도서관을 생각할 때 책부터 생각하지만, 다른 형식의 자료들도 포함되어야 한다. 기독교 학교는 기독교적 자료에 강조점을 두는 것이 좋다. 모든 것을 갖추기에는 예산과 공간, 시간이 한정되어 있다. 따라서 커리큘럼의 필요와 학생들의 오락적 욕구, 선생님들의 전문적 독서의 필요에 따라서 자료 수집에 균형을 맞춰야 한다.

기부를 장려하라. 하지만 기준에 맞추어서 받아들여야 한다. 기준에 만족하는 물품들만 가질 권리가 있으니, 나머지는 적절히 나누어라(도서 판매 같은 것을 통하여). 그러나 기부와 무료로 주는 자료들만으로 만족스러운 자료센터를 갖추는 것은 불가능하다. 책으로 꽉 찬 서고는 인상적이겠지만, 그것이 양질의 자료를 갖춘 자료센터를 의미하지는 않는다. 누군가 다른 사람의 도서관을 물려받는다면, 신중하게 선별하는 작업이 필요할 것이다.

다양한 방식으로 자료들의 균형을 맞추어라. 독서는 중요하지만, 어떤 정보들은 활자보다는 다른 형태로 전달되는 것이 더 낫다. 신문에서 오려낸 것들이나 전단지, 사진, 지도 같은 것들로 된 정보 파일은 책이나 잡지에서 발견하기 힘든 발 빠른 정보가 있어 유용하다.

잡지는 최신 정보를 얻기에 필수적이다. 잡지는 당연히 학생들 나이에 맞으며, 그들의 관심사에 적절한 것이 좋다. 또한 조사하기에 좋도록 색인을 다는 것이 좋다. 색인된 잡지들을 간직하라. 만약 보관이 문제가 된다면, University Microfilms International에서 마이크로필름 형식으로 된 많은 잡지들을 이용할 수 있다.

어떤 자료이든 가장 중요한 것은 접근성이다. 정기 간행물을 제외하고는 모든 자료들을 도서목록을 통해 이용할 수 있도록 만들어라. 공동체 인적 자원(작가, 사회사업가, 약물 전문가 등), 공동체 활동(스포츠 프로그램 등), 공동체 기구(서비스 클럽 등) 등을 목록으로 만들면(카드에 쓰거나 컴퓨터로 뽑아놓으면) 유용할 것이다.

2) 서비스 준비 | 새로 생긴 학교의 도서관이라도 약간의 서비스는 제공할 수 있다. 앞서 '서비스 역할' 부분에서 기본적인 설명은 나와 있으며, 필요한 가구 및 비품에 관해서도 앞에 설명되어 있다.

3) 교육의 준비 | 학생들은 도서관 이용 방법을 교육받아야 한다. 이것은 정규 교육을 통해 이루어질 수도 있지만, 가장 효과적인 방법은 다른 과목을 가르치는 중에 함께 교육하는 것이다. 예를 들어, 학생이 역사나 지리학 보고서를 써야 할 때, 카탈로그나 연대표 등을 찾아보는 법을 교육할 수 있다. 그러면 학생들은 도서관을 그들의 필요와 밀접하게 연결된 곳으로 여기고, 보다 능동적이고 빠르게 학습할 수 있다.

4) 상호 협력 프로그램 짜기 | 이상적인 도서관 프로그램에는 도서관 사서가 학교의 다른 선생님과 상의하여 도서관 자료들을 사용해서 학습할 수 있도록 계획을 세운다. 작고 새로 시작하는 학교일수록 유연성을 가져야만 계획도 잘 세우고, 잘 실행할 수 있다.

4. 프로그램의 절차

여기에서 소개된 절차는 프로그램이 실행되도록 하는, 도서관 이면에서 이루어지는 것을 말한다.

1) 일반적 지침 | 표준화된 절차를 사용하라. 규칙적인 절차를 새로 고안할 필요는 없다. 이것은 도서관 관례라는 특유한 분야에서 특히 더 그렇다(예를 들어, 자료들을 분류하고, 주제어를 일일이 열거하는 일). 이 분야는 실험이 필요한 곳이 아니다.

훈련되고 경험 있는 사서들은 표준화된 절차에서 예외를 만들 수도 있다. 그러나 다른 이들은 반드시 주의해야 한다. 만약 다양한 절차를 시도하는 이유가 충분히 합리적이라면 변화들을 추구할 만하다. 시간이 좀 걸리더라도 사무적인 일보다 학생들을 돕는 데 효과적인 많은 서비스를 제공하라.

만약 카드 목록을 쓰기로 정했다면 책을 주문할 때, 그 책들을 위한 카드도 같이 준비하라. 많은 책들의 표지 뒤쪽에 있는 출판 정보와 도서 목록은 기본 정보를 제공한다.

만약 도서관이 새로 생긴다면, 새로운 기술을 사용해 보라. 예를 들어, 카드 목록보다는 컴퓨터 목록을 생각해 보라.

2) 도서 구입 | 정책이 잘 수립되어 있다면, 정돈되고 체계적인 방법으로 도서와 다른 자료들을 구입할 수 있다. 이미 교실에 있는 좋은 책들은 모아지고 분류되어 서가에 꽂혀야 한다.

학부모와 공동체의 다른 구성원들은 아마 기꺼이 그들의 장서들 중에서 책을 기증하거나, '기본적인 도서관 참고도서' 목록에 있는 책들 중 추천 도서들을 기증해 주실 것이다.

자료들은 반드시 교과 과정이나 학생들의 관심과 관련되어야 하기 때문에 교사들이 가진 정보가 대단히 중요하다. 교사들에게 수집 가능한 자료들이 무엇인지 알려주고, 도서관에 구비하기 원하는 것에 대한 교사들의 제안을 모으는 일에 모든 노력을 쏟아야 한다.

도서는 표준 목록을 따라 구입하거나, 가능하다면 공신력 있는 기관에서 추천하는 자료 중에서 구입하라. 좋은 평가를 받았지만, 도서관에 소장하기에 적합하지 않은 도서를 구입할지도 모르니 이를 조심해야 한다.

표준도서 목록은 최신 것으로 가지고 있어야 한다. 매 5년마다 최신 백과사전을 구입하도록 노력하라.

교직원들이 가진 정보를 모으고 정리하라. 학생이나 선생님 것 중 두드러진 견본이나 제안서 중에 눈에 띄는 것도 소장해 두라. 지역의 다른 도서관과 협력하거나 다양한 정보를 위한 데이터베이스 네트워크도 만들어 보라.

자료를 선택하는 것만큼 중요한 것은 적절할 때에 불필요한 자료들을 없애는 것이다. 그 지침은 도서관 운영 지침을 근거로 하되, 학교의 필요에 맞게 진행해야 한다.

3) 진행 ┃ 이용자들이 자료를 이용할 수 있도록 준비하는 일은 큰 작업이다. 시간을 절약하기 위해 가능하다면 이미 나와 있는 도서관 관리 자료들을 구입하라. 큰 도서 도매상인은 책과 함께 주머니, 카드, 라벨, 그리고 책커버도 제공해 준다.

장서를 위한 프린트된 목록 카드를 도매상으로부터 얻을 수 있다. 도서관 자료는 다양한 회사에서 주문해도 된다.

만약 당신의 서가 목록 카드에 구입원, 구입한 날짜, 가격 등에 관한 정보가 완벽히 적혀 있다면, 수납 목록은 꼭 필요하지 않다. 표준화된 절차를 밟으라. 각 책마다 같은 자리에 필수 정보를 표시하라(소유 도장이나 전화번호 같은 것). 종이 표지에는 책커버가 필요하다. 종이 표지도 된 책은 보강이 필요하지만, 책이 너무 상했을 때는 새 책으로 대체하도록 주문하라.

가능한 한 시청각 자료들도 책처럼 목록을 만들고, 분류하여 보관하라. 대부분 자료들은 적당한 수납장에 책과 함께 꽂힐 수 있다.

5. 특별 정책

특별 정책이란 일반적으로, 프로그램보다는 미디어 센터의 직접적 운영에 더 관련되어 있다. 문서로 된 정책을 가지고 있는 것이 가장 좋지만, 그 정책은 그 곳의 상황에 따라 다를 수 있다. 다음은 반드시 정책을 가지고 있어야 할 분야들이다.

1) **선택** | 기독교 학교에서 '선택'만큼 논쟁의 여지가 많은 정책도 없다. 왜냐하면 학교 후원회 구성원 간의 의견이 다양하고, 이슈 자체가 민감한 성격을 가지고 있기 때문이다. 학교에 있는 모든 문서 자료와 비문서 자료에 관한 정책을 만들되 도서관 자료에 국한하지 말라. 개인적인 의견보다 일반적인 기독교 세계관에 따라 일하라. 일반적 지침을 포함하되, 사서가 특별한 요청을 할 수 있게 하는 정책을 만들어라. 자료에 대한 비평을 허용하고, 구입한 자료에 대해 다시 고려할 것을 요청하는 것은 허용하되, 모든 경우에서 소장할지, 없앨지에 대한 결정은 사서가 해야 하고 개인적 관점이 아닌, 정책에 의거하여 이루어져야 한다.

정책의 범위 안에서, 도덕적이거나 영적인 가치에 상관 없이 자료의 문학적 질, 교과과정을 보조하는 가치, 주제마다의 균형, 그리고 물품의 가격들도 고려 대상에 포함되어야 한다.

2) **자료와 시설에 대한 접근** | 도서관은 언제 여는가? 학생과 선생님 외에 어떤 사람들이 이용할 수 있는가? 등과 같은 질문들에 대한 대답이 준비되어 있어야 한다.

3) **대여 정책** | 책과 잡지, 참고 도서는 얼마 동안 빌릴 수 있는가? 참

고 도서도 대여할 수 있게 할 것인가? 연체된 자료에 대해서는 어떤 제재가 이루어질 것인가(만약 있다면)?

도서관의 자료들은 보관이 아니라 사용되기 위해 존재함을 명심하라. 더 많이 대여될수록 더 좋지만, 한 학생이 혼자 보관하고 있어서 다른 학생이 그것을 사용하지 못할 상황에 대비해야 한다.

4) **직무 내용 설명서** | 직구 내용 설명서도 정책인데 그 이유는 직원이 무엇을 해야 할지를 결정하기 때문이다. 도서관 직원은 그들의 업무에 대해 명확히 알고 있어야 하고, 교장과 다른 교사들도 그들이 어떤 일을 하는지 알아야 한다.

결론

도서관/미디어 센터는 교실 밖에서의 학습을 위해 제공된다. 어떤 교사도 학생에게 모든 교육적 경험을 제공할 수가 없을 뿐만 아니라, 수업 상황 밖의 학습을 지원할 수 있는 꼭 필요한 자료들을 제공할 수가 없다. 그러나 집중되고, 잘 개발되고, 잘 조직된 도서관은 자료와 경비, 노력의 낭비를 피하고, 학교의 모든 사람들에게 공정한 서비스를 제공할 수 있다.

교과 과정

교과서, 워크북 및 다른 교육 자료들은 신중하게 선택해야 한다. 가능하다면 교실에서 이용할 수 있는 기독교 교육 자료를 갖추는 것이 좋다. 그러나 그것이 어렵다면, 기독교 학교 내에서 이용할 수 있는 일반(비종교적) 출판사 또는 정부기관의 교육 자료를 신중하게 선택할 필요가 있다. 이것이 이루어진다면, 창조와 질서에 대한 성경적 관점을 가르치기 위해 어떤 부분에 수정과 추가가 필요한지 그 자료들을 신중하게 검토하는 작업이 필요하다. 일반 교과서들이 사용된다면 교사는 교실에서 훨씬 비판적으로 아이들을 가르치게 된다. 교사는 학생들에게 제공되는 모든 인쇄된 정보의 해석자가 되어야 한다.

1. '기독교 학교를 위한 교과 과정 개발'에 대한 자료들을 읽는다.
2. 이용 가능한 정보원으로부터 교과서와 워크북에 관한 정보를 수집한다.
3. 이용할 수 있는 자료를 평가한다.
4. 교과 자료 습득과 이용에 관한 방침을 개발한다.
5. 교사들이 이용 가능한 교과 자료의 사용 방법을 습득하도록 돕기 위한 훈련을 제공한다.

교과 자료의 수집과 평가 (체크리스트 1, 2)

미국에는 기독교 학교를 위한 교과 자료를 만드는 출판사들이 몇몇 있다. 이들 출판사들은 유치원부터 고등학교까지 각 학년 수준에서 무엇을 가르쳐야 하는지를 보여주는 목록과 범위와 순서를 제공한다.

- Association of Christian Schools International(ACSI)

  PO Box 35097 Colorado Springs, CO 80935-3509

  Tel) 719-528-6906 | Fax) 719-531-0716

- Alpha & Omega Publishers

  PO Box 3153 Tempe, AZ 85280

- Australia Distributor | Kingsley Educational PTYLTD

  2 Kingsley Grove Waverly VIC Australia 3149

  Tel) 613-9544-8792

- Canada Distributor | A.D.S.I.

  528 Carnarvon St. New Westminster, B.C. V3L-1C4 Canada

  Tel) 604-524-9758

- Christian School international(CSI)

  PO Box 8709 Grand Rapids, MI 49518

  Tel)616-957-1070 | Fax)616-957-5022

  e-mail) CSI@gospelcom.net/csi

- Bob Jones University Press

  Greenville South Carolina U.S.A.

Fax) 800-525-8398
- **A Beka Books**

    Pensacola Christian College, Pensacola, FL U.S.A.

    Tel) 850-478-8933 | Fax) 850-478-8558

- **Rod and Staff Publishers, Inc.**

    PO Box 3 Hwy. 172, Crockett, KY 41413-0003

    Tel) 606-522-4348 | Fax) 606-522-4896

이러한 자료들을 참고로 학교 교과 과정을 만들 수 있는데, 일반 교과 자료를 이용할 때에는 각각의 교과서를 검토하고 기독교적 관점과 일치하지 않는 부분이 무엇인지 파악하는 것이 중요하다.

교과 과정 정책 (체크리스트 3)

교과 과정 관리자는 교과 자료의 구입과 이용을 위한 정책을 개발할 필요가 있다. 다음 사항을 숙지하라.

- 학교에서 이용할 수 있는 자료들은 어떤 유형인가? – 기독교적, 비종교적 등
- 비용 면에서 어떤 한계가 있는가?
- 학교는 교과 자료를 기증 받도록 노력할 수 있는가?
- 주문하는 시기와 방법과 구입, 지불 방법에 관한 학교의 방침은 무엇인가?

교과 과정 이용을 위한 교사 훈련 (체크리스트 4)

교과서와 워크북을 구입하기 전에 교사들이 그 책들을 평가하도록 한다면, 그들은 이미 자료의 내용과 이용 방향에 대한 지식을 가지게 될 것이다. 교사들이 그 자료들을 가장 잘 사용할 수 있도록 돕기 위해 훈련이 제공되어야 한다. 교과 과정 관리자는 학교의 철학과 목표에 일치하도록, 이러한 정보들을 신중하게 검토해야만 한다. 교사들은 또한 교과 자료들을 검토할 수 있으며, 교육 과정의 이해를 위한 세미나 등을 마련할 수 있다. 교사들이 교육 과정 체계를 계획하는 데 동참하는 것을 좋아하면, 모든 학년에 걸친 교육 자료들의 순서를 알게 된다. 행정 관리자와 교사들은 학생들의 필요를 위해, 교과 과정의 범위, 관점과 순서를 바꾸는 것을 두려워하지 말아야 한다.

기독교 학교를 위한 교과 과정 개발

이 지침서는 기독교 학교에서 어떻게 교과 과정 계획을 개발할 것인지 돕기 위해 쓰여졌다. 교과 과정 개발은 많은 시간과 노력이 든다. 그러나 전체 학교 구성원을 위해 잘 짜여진 계획을 수립하는 것은 매우 중요하다.

이 지침서는 교과 과정 내용에 관한 구체적인 설명은 아니다. 왜냐하면 세계의 기독교 학교들은 그 대상에 따라 매우 다양한 특성을 가지고 있으며, 각 학교의 교과 계획은 학교 특성상 독특할 수 있기 때문이다. 이 지침서는 교과 과정 개발이 어떻게 진행되어야 하는지 보여 주기 위해 작성되었다.

시작

교과 과정 개발에는 많은 사람들이 함께 동참해야 한다. 학교 교장(교과 과정 관리자)은 그 과정을 지도해야 하며, 교사들과 다른 사람들을 지원할 수 있어야 한다. 그룹으로 함께 일한다면 한 사람이 할 수 있는 것보다 더 효과적으로 일할 수 있을 것이다.

만약 처음 개교하는 학교라면, 기초 교과 과정은 학교가 시작될 때 만들어질 수 있으나, 교과 과정 개발은 개교한 이후로도 계속 이루어져야 할 것이다. 새 학교를 시작하기 전에 완벽한 교과 계획안을 갖는 것은 불가능하다. 학교가 아직 교장이나, 교원을 확보하지 못했을지라도, 계획위원회는 학교를 시작할 때 기초적 교과 계획이 함께 실행되도록 준비할 수 있다.

- 1. 누가 교과 과정 개발 모임을 이끌어갈 것인지 결정하라.
- 2. 그 과정에서 전체를 관장하는 스텝(또는 계획위원회)을 참여시킨다.
- 3. 그룹을 만들어 이 지침서를 공부하라. 각 개인 또는 소그룹으로 특정 부분을 담당하기 할 수 있다.

교과 과정 개발은 교과 과정 개발 모임을 조직하는 것에서 시작된다. 함께 이 지침서를 공부하며, 교과 과정 개발을 위한 정보를 모으는 일부터 시작하라.

1. **그룹 리더** | 설립된 학교에서 교과 과정 모임의 리더는 교장이나 교과 과정 지도 주임이 될 수 있다. 설립 중인 학교에서 리더는 계획위원회에 의해서 지명될 수 있으며, 전 학년 교육 과정에 대한 지식을 가지고 있는 사람이 맡는 것이 가장 바람직하다.
2. **교과 과정위원회** | 설립된 학교에서는 위원회가 교원과 행정 직원으로 구성되어야 한다. 설립 중인 학교에서는 학교를 조직하는 계획위원회가 교과 과정위원회를 지명하게 될 것이다. 교과 과정위원회는 가능한 한 많은 교육자들을 포함시키는 것이 좋다.
3. **위원회 연구** | 교과 과정위원회의 모든 구성원들이 이 지침서를 공부한다면, 교과 과정 계획을 연구, 개발하기 위해 필요한 조직과

연구 과제를 만들어 갈 수 있을 것이다.

4. **초기 조사 |** 교과 과정위원회는 학교를 위해 교과 과정 계획을 개발해야 하는데, 설립된 학교에서는 다음 과정이 뒤따를 것이다.

- 교과 과정이 매우 광범위하기 때문에 한 번에 한 가지(또는 두 가지) 과목에 초점을 두는 것이 현명하다. 위원회는 가장 필요성이 많은 과목을 우선적으로 선택한다.
- 각 학년의 현재 교과 과정을 검토한다. 교실에서 사용하는 교과서와 다른 자료를 조사하여 그 내용을 잘 숙지한다.
- 교원들은 각 학년의 현 교과 과정에 대해 장점 또는 약점을 논의할 수 있다. 만약 현재의 교과서가 기본적으로 채택되어진다면, 교사들을 유도하여, 각 학년 수준에서 실제로 가르쳐지고 있는 것이 무엇인지 밝혀내는 것이 현명하다.
- 당신의 학교와 공통점이 있는 다른 학교가 있다면, 서로가 개발해 놓은 교과 과정을 일부 공유할 수 있을 것이다. 가능하다면 이러한 계획들의 복사본을 구입해서 검토해 보라.
- 각 학년별로 과목 내용을 검토하려면 믿을 만한 출판사의 교과서나 워크북 자료들을 이용하라. 교과 과정을 만드는 과정에서 교과서를 사용하는 것은 바람직하지 않지만, 각 학년 수준에서 교육되는 것이 무엇인지 상당한 정보를 제공받을 수 있다. 일부 출판사들은 각 학년 수준에서 다뤄져야 할 기본적 내용을 보여주며, 그 범위와 순서를 제공한다. 이것은 학교가 교과 과정에 포함해야 할 것이 무엇인지 확인하는 데 큰 도움이 된다.

- 어떤 부분에서는 정부가 규정하는 교과 과정과 정부에 의해 규정된 교육 순서를 따라야 한다. 이런 경우, 성경적 내용을 통합하고 추가적인 내용을 제공하기 위해 정부 교과 과정 및 교과서와 함께 다른 보충 자료들을 이용할 필요가 있는데, 기독교 출판사의 자료들을 살펴보는 것이 도움이 될 것이다. 또한 같은 길을 가고 있는 다른 기독교 학교들의 제안들도 도움이 될 수 있다.

교과 과정위원회는 설립 중인 학교에서도 위에서 강조한 조사와 계획의 대부분을 수행할 것이다. 경험 있는 교사들이 운영위원회에 있다면, 각 학년의 교과 내용을 논의하는 것을 도와줄 수 있다. 기독교 교과서와 워크북 출판사들은 유용한 정보를 제공한다. 그들은 종종 교과서와 워크북에서 어떤 한 과목이 어떻게 각 학년의 교과 과정과 관련을 맺고 있는지를 구체적으로 보여 주기도 하며, 그들 프로그램이 설명하고 있는 영역과 순서를 각 학년별 수준으로 제공해 주기도 한다. 적당한 기독교 교재가 있다면 계약해서 사용할 수도 있다.

비기독교적 교과서

몇몇 언어권과 일부 지역에서는 이용할 수 있는 기독교적 교재와 워크북이 없을 수도 있다. 이런 경우 일반 교재와 워크북을 교육 방향에 맞게 수정하여 적용할 수 있다. 이러한 교재를 성경적 가치관으로 가르치고 있는 교사들을 돕기 위하여 성경적 통합 계획이 만들어질 수 있으며, 여기서 제시되는 원리들은 일반 자료들을 기독교 학교에 맞도록 적용하는 데 도움이 될 것이다.

학생들에게 통합적 가치관을 제시하기 위해 교사들은 추가적인 주제나 활동을 개발할 수 있으며, 자료를 보강할 수 있다. 수학 교재는 최소한의 문제를 나타내고 있으며, 최소한의 통합만 필요로 한다. 과학은 통합하기가 가장 어렵다. 왜냐하면 많은 과학적 이론들이 하나님이 없다는 믿음과 모든 것이 진화했다는 믿음에 근거하기 때문이다. 그러므로 세속적 과학 교재에 가장 신경을 써야 할 것이다. 그러나 교사가 현명하고 계획을 잘 짠다면, 그것들을 활용할 수도 있다.

교과 과정을 조직하기 위한 모델

교과 과정 내용을 결정할 때, 공식적인 교과 과정 문서 개발을 시작한다.

- 교육에 대한 기독교적 철학
- 목적과 목표
- 통합(철학의 성숙)
- 교과 과정(전체 내용, 영역과 순서, 교과 지도)

　교과 자료 : 활동, 절차, 보조 자료, 장비, 교과서

　생활 교과 : 교사의 삶, 교사/학생의 관계, 교사/집단의 관계,
　　　　　　　훈련, 수업

1. 기독교 학교에서의 모든 교과 과정은 기독교적 교육 철학에 근거해야 한다. 기독교적 교육 철학은 '모든 진리는 하나님의 진리'라

는 사고에 기초한다. 하나님은 우리가 관찰하고, 검증하고, 이해하고, 경험할 수 있는 모든 것을 창조하셨다. 하나님은 그것을 주관하시고 끝까지 책임지신다. 모든 학문적 내용들은 이러한 관점으로 조망되어진다. 기독교 교육은 삶과 기록된 말씀 모두에 초점을 맞춘다.

2. 각 과목은 구체적인 목적과 목표를 가져야 한다. 목적과 목표는 학생들이 어디로 가고 있는지, 각 학년에서 교과 과정의 궁극적 도착점을 보여준다.
   - 목표 설정 → 역할 수행 → 목적과 목표
   - 목표 설정 : 교과 과정이 지향하는 방향. 목적과 목표를 성취하는 방향으로 나아가기를 추구한다.
   - 기능 : 목적과 목표를 달성하기 위해서 행하는 모든 것
   - 목적과 목표 : 교과 과정이 의도하는 도착점

3. 성경적 통합은 기독교 교육에 있어 기본적인 구성 요소이다. 모든 학습은 성경과 통합되어야 하며, 성경과 일치해야 한다. 성경적 통합에 대한 안내 자료는 책 뒷부분의 부록을 참고하라. 그 정보는 교사들이 이해하고 실행하는 데 도움을 줄 것이다.

4. 교과 과정 계획에는 세 가지 측면이 있다. 교과 자료가 연구되고 각 과목에서 기본적 내용이 결정된 후, 교원들이 협력하여 개발하는 것이 좋다.
   - 교과 과정 개요 : 각 학년 수준에 맞는 각 과목 내용에 대한 윤곽으로, 한 번에 한 과목씩 작업하는 것이 좋다. 개요는 교육의 주

요 이념, 기술, 개념, 또는 원리들을 보여 준다. 그것은 정규적 또는 비정규적인 개요로서 제시될 수 있으며, 중요한 것은 교과 내용과 교육 순서를 문서화 하는 것이다.

- 범위와 순서 : 저학년 수준에서는 범위와 순서를 보통 차트 형식으로 가지고 있거나, 등급 수준을 최상으로 한 내용의 개요 형식을 갖는다. 개요는 교과의 순서를 보여주며, 교과 내용의 범위는 이념, 기술, 개념 또는 원리들이 각 학년에서 어떻게 교육되는지를 도표화 하여 제시할 수 있다. 코드는 어떤 이념, 기술, 개념 또는 원리가 받아들여지고 재검토되거나 재교육되는지를 보여주는 데 사용된다. 일부 학교에서는 다음과 같은 코드를 이용한다.

  I – 특정 학년에게 소개되어지는 개념

  R – 각 학년 수준에서 재검토되어지는 개념

  M– 각 학년에서 내용이 지속되고 확장되어지는 개념

- 교과 지도 : 위의 두 내용(교과 과정, 범위와 순서)을 교과 과정에서 어떻게 적용할지 실제적인 '방법'에 대한 모든 정보를 제공한다. 각 학년 또는 수준에 따른 각 과목의 교과 지도안이 준비된다. 교과 진행 개요와 범위, 순서는 아래와 같이 목록화 되어 있다. 추가적인 정보도 있을 것이다.

- 교과서
- 보조 교과 또는 연구자료
- 교수법
- 자료

- 시청각 자료
- 현장 체험
- 교사를 지원할 수 있는 다른 유용한 자료
5. **교과 과정 도구들** – 교과서, 활동, 진행 지도자, 보조 도구, 교구
   질적으로 뛰어난 교과 계획을 수행하기 위해서 요구되는 모든 자료들과 보조물에는 교과서, 교수 자료, 참고 자료, 활동, 연구 프로젝트 등이 포함된다.
6. **생활 교과** : 교사의 삶, 교사/학생의 관계, 교사/집단의 관계, 훈련, 수업은 교과 과정 계획의 모든 부분이다. 모든 부분이 문서화된 안내서로 작용하지는 않지만, 이는 학습 과정에서 가장 중요한 요소들이다. 교사는 학생들과 관계를 형성해야 한다. 기독교 교육의 과정은 단지 이념과 기술을 공유하는 것이 아니라 변화된 삶과 변화시키는 삶이다. 기독교 교육의 목표는 삶의 변화이다.

성경적 통합은 우리의 실제적인 삶 속에서 일어남을 주의해야 한다. 교사의 인격은 모든 교육에 있어 본보기가 된다. 제시되고 논의된 생각들은 학생들의 이성적인 힘을 키워서, 그들이 성경적 진리와 함께 모든 학습을 전체적으로 통합해서 볼 수 있도록 도와줄 것이다.

"또 비유로 말씀하시되 맹인이 맹인을 인도할 수 있느냐 둘이 다 구덩이에 빠지지 아니하겠느냐 제자가 그 선생보다 높지 못하나 무릇 온전하게 된 자는 그 선생과 같으리라"(눅 6: 39~40).

우리는 교육에 대한 하나님의 계획은 예수님을 닮아가도록 돕는 것

임을 항상 기억해야 한다. 아이들은 모델링을 통해서 가장 잘 배울 수 있다. 그러므로 교사들은 성경에서 가르치는 원리들을 몸소 실천해야 한다. 그러면 학생들은 '그들의 교사처럼' 살게 될 것이다.

전체 교과 과정 계획

다음 표는 교과 과정의 개발과 교실 안에서 그것을 이용하는 절차를 보여준다. 철학적이고 이론적인 토대를 기초로 학생들에게 실제적으로 가르친 후에, 그 성과를 평가하는 순서로 진행된다.

전체 교과 과정 계획

교육/교과 과정의 평가

학습의 평가

교실 수업

주별/월별 수업 계획

수업을 통해 나타날 구체적 결과물

단원 내용 개요

목표 – 내용 – 자료

수업을 통해 나타날 일반적 결과물

과정 내용 개요

목표 – 내용 – 자료

범위	순서
"폭/깊이"	"순서대로"

가르칠 내용의 수준(등급)

내용 영역에 관한 학교의 철학

학교의 기독교적 교육 철학

위의 교과 과정 계획의 순서는 이 표의 아래로부터 위로 진행된다. 아래에서부터 무엇이 가르쳐져야 하고, 어떻게 가르쳐야 하는지를 보여준다. 마지막 단계는 평가이다. 평가는 등급을 주는 것이 아니다. 오히려 그것은 교사가 교과 과정 계획을 평가하는 것이다. 교수/학습의 순환은 교수와 학습의 질을 향상시키기 위한 것이라는 점을 명심해야 한다.

교수/학습의 순환

이 순환은 교과 과정 계획이 있다는 것을 가정한다. 교수/학습의 순환은 교사가 교과 과정을 가지고 행하는 것이다. 이 순환을 이해하려면 내용을 가지고 상단에서 출발하라. 앞 표의 중간쯤에 있는 단원 내용의 개요는 교육 내용을 보여주고, 무엇이라는 질문에 답할 수 있게 한다. 이 순환은 시계 방향으로 계속 움직인다. 지금 아래 교수/학습의 순환을 보고 연속적으로 따라가 보라.

다음 항목은 진단이다. 이것은 누구라는 질문에 대한 답이다. 교사는 학생들을 진단한다. 교실에는 어떤 학생들이 있나? 그들이 어떻게 함께 활동하고 있나? 그들은 학습 발달을 어디에서 이루나? 교사는 교육을 시작하기 전에 학생들을 알 필요가 있다.

이 순환에서 다음 항목은 처방이다. 이제 교사는 학급을 위해서 그들이 알고 있는 것과 모르는 것이 무엇인지를 알고 있어야 한다. 표에 있는 '주별/일별 수업 계획'이 여기에 해당한다.

다음 항목은 '어떻게 가르치느냐', 즉 교육이다. 학생들이 기술, 개념 또는 원리를 배우고 이해하도록 가르치는 것을 돕는 방법을 선택한다.

순환에서 마지막 항목은 평가이다. 교사는 질문과 대답, 시험, 토론을 통해서 학습을 평가한다. 이 단계는 주로 요구된 학습이 이루어졌는지 아닌지를 결정하는 것을 목적으로 한다. 만약 학습이 제대로 이루어지지 않았다면, 교사는 다시 이 순환 방법에 잘 대입되는 더

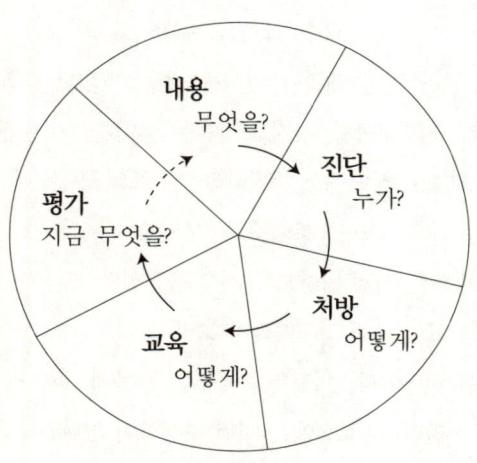

좋은 방법을 발견해 내도록 노력해야 한다.

학교 교과 과정

비록 학교 생활이 주로 교과 과정에 따라 운영됨에도 불구하고 교과 과정 개발과 관련해서는 필요한 만큼의 충분한 시간을 할애 받지 못한다. 여기에는 두 가지 이유가 있다. 첫째로, 교장이 할 일이 너무 많아 학교가 패키지로 제작되어 있는 교과 과정 프로그램을 구입해서 사용하기 때문이고, 둘째로, 대부분의 교직원이 교과 과정 개발과 실행을 위해 필요한 성경적 철학에 대한 분명한 이해가 부족하기 때문이다. 그러므로 선택된 교과 과정을 충분히 분석하는 작업이 미진하게 이루어지는 것이다.

학교의 철학과 교과 과정의 관계는 무엇인가?

우리는 오늘날 '정보 고속도로'에 대해서 많은 이야기들을 듣는다. 비록 우리는 어떻게 이 고속도로가 21세기의 학교에 영향을 미치는지 확신하지 못하더라도 정보와 지식 기반이 엄청난 비율로 증가한다는 것을 알고 있다. 학교의 교과 과정에서 누군가가 교과 과정에 포함될 지식에 관하여 많은 부분을 결정할 것이다. 이것은 '더 중요한 것'이라고 생각되는 경험과 자료에 대한 선호 때문에 몇몇 중요한 경험과 자료가 간과될 수 있음을 의미한다. 그러므로 이러한 결정에 있어서 기독교 학교의 성경적 철학이 기초가 되도록 해야 한다.

학교의 교과 과정을 통해 학생들은 각자의 훈련에 입문하게 된다.

개별적인 훈련의 중요성을 강조하려면 중요한 일과 중요하지 않은 일의 의미 규정을 해야 한다. 학생들을 특정한 과목에 집중시키기 위해서는 학교는 다른 과목을 포기해야 할 것이다. 어떻게 학교가 이러한 선택(그리고 거부)을 하는지는 바로 학교의 철학과 관련되어 있다.

교육은 결코 도덕적으로 중립일 수 없다는 것을 기억해야 한다. 인간의 종말이나 가치 등은 명확한 표현으로 가르쳐야 하며, 늘 실제적인 삶 가운데서 지도하기 위해 많은 노력을 해야 한다.

그러므로 만약 학교의 가치체계가 세속의 철학을 반영한다면 그 학교의 학생들은 '세상의 것'에 끌려갈 것이다. 그러나 만약 학교의 철학에서 하나님의 말씀이 발견된다면 그 학교의 학생들은 하나님이 세상을 보는 시각으로 세상을 보는 안목을 배우게 될 것이다.

학교의 교과 과정을 선택하고 실행함에 있어 교사의 역할은 무엇인가?

헨리 아담스는 "교사의 영향력은 영원하다"고 말했다. 그는 "결코 교사의 영향력이 멈추지 않을 것이라고 말했다. 시간이 흘러서 교과서가 사라진다 해도, 교사의 영향력은 여전히 학생의 삶에 남게 될 것이다. 교육 과정과 연구 과제를 학년별 또는 수준별로 완성하는 것은 학생들이 삶에 분명한 이정표가 된다. 그러나 교사들은 '살아있는 이정표'이다. 그들은 한 학생이 스스로 학습 속도를 측정할 수 있는 평가 기준이다. 이 같은 여정 중 몇몇은 좀 더 성공적이고, 몇몇은 못 미친다는 것을 알려주는 길잡이가 되어야 하는 것이 교사의 책임이다. 누군가의 경험에 학생들이 의지하도록 인도하는 것이 교사의 의무이다.

전문적 교사의 성경 철학과 전문성과 경험은 학고 교과 과정의 선택과 실행에서 가장 가치 있는 자산이다. 반면에 교과 과정 선택에 있어서 출판사 영업자의 충고에 의지하기가 쉬운데, 이러한 접근은 신중하지 못한 행동이다. 의사결정 과정에서 교사의 전문성이 꼭 필요하다.

교사들이 교과 과정 선정에 동참해야 하지만, 선정된 교과 과정이 교사/학생 관계를 방해하지 않아야 한다. 기억하라. 교과서는 학생들을 가르치지 않는다. 교사가 하는 것이다! 교과 과정은 교과서와 보조 자료라는 학습 구조를 제공한다. "교사는 살아 있는 교과 과정이다." 만약 모든 학습 과정에서 가장 중요한 요소를 하나만 꼽으라면, 그것은 교사이다.

기독교 학교에서 세속적 교과서가 사용되어야 하는가?

기독교 학교 역시 교과서를 선택해야 한다. 비록 많은 기독교 기관(ACSI 포함)들이 교과서와 함께 기독교 학교를 위한 다른 보조 자료들을 제공하기 위해 애쓰고 있지만, 여전히 기독교적 자료들이 부족하다. 그러므로 사용 가능한 일반적 교과서들을 선택해야 할 수도 있다. 만약 그렇다면 교사들은 결정된 교과서들을 분명하게 이해해야만 한다.

보스턴 대학의 총장 D. L. March 박사는 학교의 연중 보고서에서 "우리가 교육 프로그램에서 종교를 배제한다면 하나님 없이 삶이 설명될 수 있다고 말하는 것과 같다. 즉 하나님이 존재하지 않거나 영향력이 없다고 말하는 것과 같다. 일반 출판사는 기독교 학교의 성경적 철학과 영적인 민감성을 다 공유하지 못할 것이다. 또한 그들의 잠재 시장을 지키려고 노력할 것이다. 분명히 기독교 학교는 그들의 주요 시장은 아니다.

또한 앞서 언급한 것처럼, 점점 증가하는 지식 기반은 계속해서 포함되어야 할 지식과 배제해야 할 지식이 무엇인지에 대한 고민을 하게 만든다. 일반 출판사는 기독교 학교와는 매우 다른 가치 기반을 가지고 일한다. 많은 주요 출판사의 교과 과정 지침에 대한 최근 연구는 이러한 진술을 포함한다. '여성과 소수 민족에 대한 공정하고 정확한 표현', '편견, 고정관념, 그리고 직업 역할 제한에 대해 자유로워지기', 그리고 '긍정적인 상을 창조하고 모든 그룹과 개인들에 대해서 존경심 키우기' 등이다. 그 출판사들은 분명 그들 교과서의 교육적 질에 대해 관심은 가지지만, 그들의 주된 관심은 경제적인 부분이기에 사회를 반영해야만 한다. 분명 이것은 성경적 교육 철학과 대조적이다.

그러나 기독교 학교가 세속적 교과서를 사용할 때의 장점도 있다.

첫째, 학생들이 세속의 자료들에 성경적 지식을 적용해 봄으로써 비판적인 사고 능력을 발달시키는 기회를 제공한다.

둘째, 학생들이 세속적인 자료들이 표현하고 있는 것을 통해 비기독교적인 생각을 만나는 기회를 제공한다.

셋째, 학생들이 음악, 문학, 예술과 같이 세상의 좋은 것들을 배우는 기회를 제공한다.

넷째, 기독교 학교가 특히 부차적인 수준에서, 특별한 과정에서 유용하며 대체 가능한 교재를 넓히는 기회를 제공한다.

학교가 바람직한 교과 과정을 선택하려면 어떤 점을 고려해야 하는가?

교과서는 대부분 전형적인 학급에서 공식적인 교과 과정 내용들로 구성되어 있다. 그것은 학습 경험의 결과와 강조할 내용, 교수 방법, 그리고 학생 평가에 영향을 준다. 교과 과정 개발은 학교의 미래를 생각하는 영구적인 과정이다. 매년 이루어지는 연구를 위해 교과 과정에 다른 부분을 도입하려면 조직적인 근거들이 있어야 할 것이다. 이러한 과정이 교과서의 내용을 향상시키고 큰 변화로 혼란을 겪지 않게 할 것이다.

고려 사항 1 : 내용 드는 범위와 차례를 재검토하라. 내용, 기법 그리고 강조점이 각 학년별 수준과 과목 영역에 적합한가?

고려 사항 2 : 자료의 철학을 평가하라. 만약 그것들이 기독교 기관에 의해 출판되었다면 당신의 학교 공동체에서 성경적 철학을 반영하고 있는지를 판단하고, 일반 기관에서 출판되었다면 그 자료들이 반영하는 세속적 가치 체계가 어떻게 교실에서 설명될 수 있는가를 생각하라.

고려 사항 3 : 교과 과정의 전문성을 평가하라. 자료들이 어떻게 개발되었는가? 그것들이 철저하게 시행되어 평가된 적이 있는가? 학급에서 사용할 수 있는 다양한 방법론들을 제공하는 교사용 교재가 있는가? 테스트 절차가 있는가?

고려 사항 4 : 학생 입장에서 어떤 자료들이 친숙한지 결정하라(적합한 읽기 수준, 흥미, 색채, 그리고 활동의 다양성 통합).

고려 사항 5 : 학교의 진술서를 기초로 한 교과 과정의 영향력을 평가하라. 교과 과정이 현재 가르쳐지고 있으며, 학교 공동체에 반영되고 있는가? 교과 과정은 '학문적인 탁월성'을 부모와 다른 구성원들에게 전달하는가? 그 교과 과정은 학문적 평가를 위해 적절하게 학생들을 준비시키는가?(시험 표준에 맞춤, 대학 입학)

기독교 학교는 가능한 한 가장 좋은 학문적 프로그램을 위해 노력해야 하는데, 그것은 독특한 철학과 목적을 구체화하는 것이다. 그 프로그램의 전략적 부분은 잘 선택된 교과서와 질적으로 뛰어난 교육 자료들을 포함한 교과 과정을 훌륭하게 발전시킬 것이다.

우리는 학교 교과 과정을 연구하는 데 필요로 하는 시간을 기꺼이 내야만 한다. 진정한 그리스도인을 키워내는 교과 과정을 만들기 위해 하나님의 인도하심과 지혜를 필요로 할 것이다.

Dr. Ollie Gibbs, *New and Young School Manual*, ACSI

설비

교실, 복도, 체육관 또는 운동장 등 학교 전체에 걸쳐 시설이 필요하다. 모든 것이 제공될 수는 없지만, 개교 첫 해에 올바른 선택을 하려면 많은 지혜가 필요하다.

1. 교실의 가구, 칠판, 사무용 가구, 체육 및 놀이 기구 등을 주문하거나 기부받기 위허 목록을 작성하라.
2. 각 교실에서 필요한 가구들의 목록(탁자, 의자, 책상, 선반, 칠판, 수납장, 선생님 책상 등)을 작성하라.
3. 강당, 교무실, 선생님 휴게실에 필요한 가구의 목록을 작성하라.
4. 학교 가구와 비품을 주문(또는 기부를 위한 계약을 성립)하라.
5. 칠판을 확보하고 설치할 위치를 결정하라.
6. 교실 바닥에 대한 계획을 세워라.
7. 어린이들이 코트나 장갑 등을 걸있도록 복도에 옷걸이를 준비하라.
8. 각 교실에 필요한 교육 자재 리스트를 작성하라.
9. 필요한 체육 설비의 리스트를 작성하고 그 시설들을 구입하거나 기부를 받으라.

- 10. 교육 설비를 구입하거나 기부를 받으라.
- 11. 도서관, 미디어 센터 설비, 가구, 그리고 비품을 구입하거나 기부를 받으라.

설비

새로운 기독교 학교를 시작하는 사람들은 가능한 최고의 가구를 확보하도록 해야 한다. 만약 재정이 충분해 새로운 가구를 구입할 수 있다면, 그것도 이점이 될 것이다. 그러나 만약 재정이 부족하다면, 중고품 중 질 좋은 물건을 선택할 수 있을 것이다. 무엇이 필요하든지 그것이 가능한 훌륭하게 보이도록 만들어야 하며, 모든 시설과 가구는 깨끗해야 한다. 철재 부분에 페인트칠을 하거나 목재 부분을 손질하여 가구를 더욱 훌륭하게 만들어, 학교를 돋보이게 만들 수 있다. 새로운 좋은 가구 또는 중고 가구를 잘 손질하는 일은 돈, 시간, 수고 등이 조금 더 들지만 학교는 어느 것이 더 중요한 부분인지 잘 판단해야 한다.

가구 및 부속 기구

테이블이나 책상을 구입할 때, 높이가 조절되는 모델을 사용하는 것이 좋다.

의자들은 탁자나 책상들의 높이에 적당하게 맞춰야 한다. 만약 중고 가구를 쓰게 된다면 그 가구의 크기는 가능한한 최대한 어린이에 맞게 조절될 수 있어야 한다. 어린이들의 자세는 중요하고, 오랫동안 나쁜 자세로 공부를 하면 허리에 문제가 올 수 있다. 가구를 주문할 때는 위치를 미리 잘 계획해야 한다.

책장과 수납장

책장은 심하게 마모되거나 파손되지 않기 때문에 비싼 것을 구입하지 않아도 된다. 학생들 비품뿐 아니라 선생님들의 필요 용품들도 기억해야 한다. 필요한 몇몇 가구들과 비품 및 교구들은 자물쇠로 채워서 보관해야 하는데, 게임 도구들을 저장하기 위한 수납장, 그리고 도서관, 미디어 센터를 위한 선반 및 수납장 등이 포함될 것이다.

복도에 필요한 가구

복도에는 옷을 위한 고리나 신발을 갈아 신고 부츠를 신는 동안 앉아 있을 의자가 필요할 수도 있다. 신발, 슬리퍼, 부츠는 의자 아래에 보관될 수 있다.

칠판

칠판은 교실의 필수품이다. 칠판은 좋은 품질이어야 하고 교실마다 아이들의 연령대별로 알맞은 높이에 설치되어야 한다. 저학년 교실은 아마도 고학년 교실보다 더 많은 칠판 공간이 필요할지도 모른다. 보통은 구입한 회사의 직원이 칠판을 설치해 준다. 만약 학교가 주문제작하거나 중고품을 사용한다면, 그것들은 가능한 깔끔하고 깨끗하게 잘 손질되어야 한다. 나무의 큰 판재나 벽의 일부를 칠판 페인트(보통 녹색이나 검정색)로 칠해서 사용할 수도 있다.

체육 및 리듬 운동 설비

운동이나 게임을 위해 준비해야 하는 설비도 있다. 예를 들어 리듬 운동은 공이나 패드 또는 매트, 굴렁쇠, 리본 등과 같은 물품이 필요할 것이다.

학교와 교육을 위한 비품들

목록에는 모든 필요한 교육 비품을 기록할 수 있다. 선교단체, 그리고 ACSI 국제 부서에서 학교 비품을 찾기 위한 도움을 받을 수 있을 것이다. 목록들은 필수적인 물품들을 준비하는 사람에게 유용하게 사용될 것이다. 만약 학교가 이러한 물품을 구입할 수 있다면 당장 필요하지 않더라도 미리 주문해 두라. 주문하더라도 물건이 종종 지연될 수 있고, 특히 외딴 지역에서는 더욱 그렇다. 만약 물품들이 기부된다면, 관련된 부서와 계약이 필요하다. 필요한 목록을 작성하는 것이 효과적일 것이다.

서류 양식과 인쇄물들

학교에는 많은 서류 양식과 인쇄물들이 필요하다. 계획이 수립되고 학교가 조직될수록 교장과 위원회는 이러한 항목들의 필요를 느끼게 될 것이다. 양식이 구비되었다면 필요한 것이 무엇인지 철저히 생각하고, 가능한 한 간단하고 직접적으로 표현하는 것이 좋다. 컴퓨터 사용이 가능하다면 양식들을 직접 만들고 복사할 수 있다. 이렇게 하는 것이 완성된 양식을 사거나 인쇄된 서식을 갖추는 비용을 줄일 수 있다.

1. 학생 등록 양식(드의 기독교 학교 학생 입학 지원서 샘플을 참조하라)
2. 입학 허가 시험
3. 교사용 자기 평가 양식
4. 문구류(학교 이름이 인쇄된 용지)와 봉투
5. 학부모 매뉴얼
6. 지불봉투(수업료가 책정되었다면)
7. 교장이 교사를 평가하기 위해 사용하는 양식
8. 교사를 평가하기 위한 교장용 평가양식
9. 학교 전단지 또는 안내 책자
10. 교사 매뉴얼

등록 양식

학교 외부의 사람들에게 제공하는 서식들은 무엇이든 잘 준비되고 산뜻해야 한다. 왜냐하면 지역 사회에 알리고 싶은 학교의 이미지와 세부 항목들을 학교의 서류 형식들이 반영하기 때문이다. 학교와 교직원들이 전문적으로 보여지길 원한다면 인쇄물 또한 전문적으로 보여야 한다. 등록자 명단을 준비하는 사람은 우선 필요한 정보를 파악하고, 그 정보를 얻을 수 있도록 질문을 담은 양식을 준비해야 한다. 그 양식은 대개 두 부분으로 이루어진다. 하나는 학교에 입학하기 위한 기본 정보이고, 다른 하나는 아이들의 환경, 가족, 그리고 병력을 포함하는 아동에 관한 정보들을 얻기 위한 양식이다.

납입 봉투(Payment Slips)

입학금과 수업료가 청구할 때, 학부모들이 정기적인 지불(대개 월별 또는 분기별로 지불)에 사용할 수 있는 납입 봉투를 사용하는 것이 효과적이다.

입학 시험

입학을 신청하는 학생의 수준을 평가하기 위해 간단한 시험을 준비하는 것이 효과적일 것이다. 이전 학급에서 넘어온 기록은 정확하지 않을 때가 있고 부모들의 이해도 항상 객관적인 것은 아니다. 입학시험은 기본 질문들과 이전 학년의 학습 목표에 맞는 수준이어야 한다. 예를 들면 3학년을 지원하는 학생에게는 2학년 말의 수준에 해당하는 질문이 주어질 수 있다. 교사 혹은 교장은 학부모가 참석하지 않은 상태로 시험을 시행할 수 있다. 학생에게 말하게 하고, 읽는 것을 듣는 것은 발달 정도를 평가하는 데 도움이 될 것이다. 입학생에 대한 학교의 기준들은 지적이고 학문적인 성취 뿐 아니라 성격과 행동도 포함해야 된다.

그 밖의 양식들
준비와 인쇄가 필요한 그 밖의 양식들은 다음과 같다.
- 교사 지원서와 자기 소개서 양식
- 교사의 자기 평가 양식
- 교장이 교사를 평가하기 위해 사용하는 양식

인쇄물들
인쇄물의 질을 관리하는 것은 중요하다. 인쇄를 할 대 학교가 고려해야 할 항목들은 다음과 같다.
- 모든 공식적인 서신왕래를 위한 용지 – 학교 이름이 인쇄된 용지와 봉투
- 학교의 사역을 나타내는 안내 책자나 전단지
- 학부모 매뉴얼
- 교사 매뉴얼

학교 서식은 디자인의 품격이 중요하다. 가능하다면 학교는 전문 그래픽 디자이너를 고용해 학교를 상징하게 될 로고를 만들어야 한

다. 학교의 이름 또한 중요하며 학교의 이미지가 효과적으로 표회되며 의사소통이 잘 되도록 주의 깊게 생각해야만 한다. 그래픽 디자인은 컴퓨터로 제작될 수 있고 학교의 편지지나 다른 서류 양식에 사용될 수 있다.

기독교 학교 학생 입학 지원서

이름 _____ 지원 _____ 학년 _____

나이 _____ 생년월일 _____ ☐ 남성 ☐ 여성

주소 _____

집전화 _____

직장 전화 : 아버지 _____ 어머니 _____

학생의 법률상 보호자(들):

이름 _____ 관계 _____

주소 _____

직장 _____ 직장 전화 _____

직장 주소 _____

_____

이름 _____ 관계 _____

주소 _____

직장 _____ 직장 전화 _____

직장 주소 _____

_____

수업료 납부자 :

관계 _____ 주소 _____

부모의 결혼 상태 □ 결혼 | □ 별거 | □ 이혼 | □ 사별 | □ 독신

학생과의 동거 여부 _____

현재 출석교회 이름(있다면) _____

비상 연락처 _____ 전화번호 _____

관계 _____ 주소 _____

_____

당신의 이름과 주소, 전화 번호를 학생 주소록에 실어도 되겠습니까?
□ 네 / □ 아니오

뒷장에 있는 협력 진술서에 서명해 주십시오.

협력 진술서

- 나는 우리 아이가 학교를 벗어나는 여행을 포함한, 학교에서 이루어지는 모든 활동에 참여하는 것을 허락한다. 나는 학교에 다니는 동안 우리 아이에게 보험이 유지된다는 것을 이해하며 아이가 학교에서나 학교의 활동 중에 다쳤다고 해서 나와 아이에 대한 학교의 책임을 묻지 않는다.
- 나는 신성 모독이나 말과 행동에서의 외설 행위, 하나님 말씀을 부끄럽게 하거나 학교의 직원들을 존경하지 않는 것을 용납하지 않는 학교의 기준들을 이해한다.
- 나는 학교가 학생에게 현명하고 마땅하다고 판단되는 규율들을 사용하는 권한에 동의한다. 나는 학교 생활에 있어서 학교의 정책을 이해하고 동의한다(잠언 13:24, 22:6, 29:15).
- 교사나 학교의 정책에 대한 나의 태도가 우리 아이의 정서적, 학문적 안정에 영향을 미친다는 것을 깊이 인식하며 모든 면에서 학교의 이념을 지지하고 지원하며, 학교 행정부의 훈육과 규칙에 따른다(데살로니가전서 5:13).
- 어떠한 경우에도 교직원들이나 학교에 대한 파괴적인 비판을 우리 아이나 다른 사람들에게 하지 않을 것이며, 대신 문제가 발생할 경우 마태복음 18장 15절이 말씀하는 성경적인 방법으로 교사나 담당자를 직접 찾아가겠다.
- 나는 학교가 월별이나 한 학기만 학생을 입학시키지 않는다는 것을 충분히 이해하며 전체 학년 동안 등록을 유지할 책임이 있음

에 동의한다. 또한 등록금이나 수업료를 반환하지 않는 학교의 정책을 이해한다(고린도후서 8:21).

- 나는 정해진 날짜에 학교에 내야 하는 재정적 책임을 이행할 것을 서약한다. 모든 납입은 매달 초 안에 수행하며, 만약 말일까지 수업료가 수령되지 않을 경우 지불이 완료될 때까지 학교에 출석할 수 없음을 이해한다. 또한 학교는 방학 동안 수업료를 조절할 수 없으며, 매월 지불되는 수업료가 방학 기간에도 지불되어야 함을 이해한다.
- 비상시에 학교가 학부모나 주치의와 연락할 수 없을 경우, 아이는 학교가 지정하는 가까운 의사에게 응급처치를 받을 수 있다. 아래의 서명은 내가 이 협력 진술서를 수용하며, 필요한 경우 학교가 우리 아이에게 응급 처치를 할 수 있음에 동의한다.

날짜 _____

보호자(관계) : _____ (인)

보호자(관계) : _____ (인)

학부모

학부모와의 대화와 학부모 교육에 필요한 사항들

- 1. 그 해 학교 행사 및 휴업일에 관한 연중 행사 일람표
- 2. 교육 철학 진술교- 학부모를 위한 안내서
- 3. 학부모에게 보내는 신문, 편지 또는 학부모와 정기적으로 소통할 수 있는 다른 방법들
- 4. 학부모와 상담-학부모와 교사 간담회
- 5. 학부모 오리엔테이션 및 교육
- 4. 가능한 지역과 건물 정보를 수집하라(이것은 학교 건물로 사용될 수 있는 교회 건물과 다른 건물이 될 수 있다).
- 5. 기독교 학교에 대한 각 가정의 관심도를 체크하기 위하여 교회를 통해 정식으로 각 가정들에 대한 조사를 실시하라.

연중 행사 일람표 (체크리스트 1)

학교의 연중 계획은 시작 시기와 마치는 시기, 그리고 그 지역 내에 있는 공립학교 또는 다른 학교들의 휴업일을 고려하여 결정한다.

대체로 공립학교나 다른 학교들과 비슷하게 일정을 잡는 것이 좋은데, 이는 이들 학교에 자녀들을 보내는 가족들도 있을 수 있기 때문이다. 기독교 학교인 만큼 기독교 공휴일을 위해 조정이 필요할 수 있다. 학교에서 포함시키기 원하는 특별한 날 및 다른 행사들도 첨가해야 하며, 모든 휴업일은 공지되어야 한다. 연중 행사 일람표는 가능한 한 빨리 학부모들에게 배부해야 한다. 만약 학부모 오리엔테이션이 학기 시작 이전에 개최되면 그 때가 일람표를 배부하기에 가장 적절한 시기가 될 것이다. 교사들 역시 일람표를 가지고 그 학기 계획을 시작할 수 있도록 해야 한다.

교육 철학 진술과 학부모를 위한 안내서 (체크리스트 2)

앞서서 언급한 바와 같이 잘 준비된 교육 철학의 진술은 중요하다. 길어야 할 필요는 없지만, 그것은 학교의 목적과 기독교적 사명을 잘 전달해야 한다. 이는 또한 학부모를 위한 매뉴얼의 중요한 한 부분이 될 것이다. 안내서는 처음 한두 해 동안은 학교의 교육 철학과 목표 및 교칙을 제시한 몇 장의 간단한 유인물이 될 수도 있다. 학교의 연혁 역시 이러한 유인물의 일부가 될 수 있을 것이며, 접어서 유인물 속에 끼워 넣어도 된다. 학교가 발전하는 만큼 학부모 매뉴얼도 확충될 것이다. 더 많은 정보가 첨가될 수 있으며 그렇게 되면 상당한 분량을 지닌 유용한 자료가 될 것이다.

신문 또는 다른 의사소통의 방법들 (체크리스트 3)

학교가 성장해감에 따라 학교 신문이나 학부모 통신이 학교의 중요한 행사나 학생들의 성취도를 전달하는 데 유용한 소통 수단이 될 것이다. 신문은 꼭 길거나 복잡할 필요는 없다. 하지만 학부모와의 정기적인 교류는 학교와 가정간의 긍정적인 관계를 유지하는 데 도움이 될 수 있다. 이미 언급한 것처럼 매주 학생들의 학교 생활을 담은 자료를 동봉해 가정에 보냄으로 특히 성적이 좋지 않은 학생들에게 도움을 줄 수 있다. 그 봉투에는 교사의 메모와 학교의 다른 전달사항들을 포함시킬 수 있다. 학부모는 다음 날 이 봉투를 학교에 돌려보내야 한다.

학부모와 상담 (체크리스트 4)

오래지 않아 새롭게 시작하는 기독교 학교는 자녀를 어떻게 양육해야 하며, 특정 문제들에 대해 어떻게 대처해야 하는지 조언과 상담을 구하는 학부모들이 늘어나게 될 것이다. 교직원들은 어떤 학생이 어떠한 필요를 갖고 있는지를 파악하고 그 학생의 부모와 상담이 필요한지를 판단할 수 있어야 한다. 종종 부모들은 그러한 원칙들이 자녀들의 교육 및 훈육에 필요한 부분이라는 것을 잊고 있을 때가 많다. 학교 도서관에 부모에게 도움이 될 만한 다량의 책들을 비치하는 것도 좋은 방안이다. 지역 내의 목사들이 과중한 업무로 인해 이 일을 할 수 없을 경우 교장과 교사들이 상담을 할 필요가 있는지 검토해볼 수 있다. 교회에 나가지 않는 학부모들도 있을 것이다. 어찌 되었건

학교는 학부모들을 돕고 상담하는 일에 어떤 식으로든 관여하는 경우가 많을 것이다. 교장이나 교사들은 필요할 때 쓸 수 있도록 미리 자료를 준비해야 한다. 학부모들이 많은 도움을 필요로 하는 영역 중의 하나가 자녀 훈육의 문제이다.

학부모 오리엔테이션 및 교육 (체크리스트 5)

학교 프로그램을 통해 정기적으로 학부모 교육의 기회를 제공할 필요가 있다.

1. 학기가 시작되기 전에 학부모 오리엔테이션 일정을 잡는 것이 현명하다. 그렇게 함으로써 학교의 기본 철학을 학부모와 공유할 수 있으며, 학교가 어떻게 돌아가는지, 그리고 그 해에 기대하는 바가 무엇인지를 학부모에게 제시할 수 있다. 모임은 길어야 할 필요는 없지만 요점을 빠트려서는 안 된다. 첫모임에서 교사들을 소개할 수 있다.
2. 그 해의 정기 학부모 모임에서 학부모에게 유용한 정보를 제공하기 위한 특별 강사를 초빙할 수도 있다. 교사들은 가능하면 이러한 모임에 참석해야 하며 프로그램이 끝난 후 학부모들과의 만남이 이루어져야 한다. 학부모들은 몇 마디라도 교사에게 말할 수 있고 질문할 수 있는 기회를 기쁘게 여긴다. 하나님께서 부모들에게 자녀들을 양육할 책임을 주셨고, 학교는 하나님이 부모들에게 부여하신 과업을 돕고 있다는 것을 명심해야 한다.
3. 또한 학부모 교육이 잘 이루어져야 한다. 자녀들의 교육과 숙제를

따라가기에 어려움을 느끼는 부모들도 있을 것이다. 수학, 언어, 또는 기독교적 관점에서 바라본 교육 등과 같은 강좌를 저녁에 개설하는 것도 고려해 볼 수 있다. 그 강의에는 그리스도인의 세계관과 기독교 가정의 모습은 어떠해야 하는지 등이 포함될 수 있다.

4. 교사는 필수적으로 학부모에게 정기적인 보고를 해야 한다. 한 학년도 내에 적어도 두 번 정도는 학부모와의 모임을 갖는 것이 필요하다(보통 봄과 가을). 이러한 개별적 모임을 통해 교사는 그간 자신이 보아온 아이의 모습과 아이가 갖고 있는 긍정적인 특성은 무엇이며 발전시킬 특성은 무엇인지 등을 설명할 수 있다. 이 시점에 이르면 아이를 도울 수 있는 전략을 함께 수립하는 것이 중요하다. 모임이 끝날 때는 교사의 보고 및 서로 동의된 계획을 작성하고 학부모의 서명을 받아야 한다. 이러한 목적을 위해 어떤 양식을 개발할 수도 있을 것이다.

재정

재정은 기독교 학교의 운영에 있어 매우 중요하며, 신중하게 계획을 세워야 한다. 계획이 수립되고 예산이 짜여진 후에 세심한 감독이 필요하다.

1. 다음에 해당되는 기본 재정 방침을 결정하라(교장과 위원회가 함께 회의를 통해 정한다).
   - 교사와 교장의 급료
   - 입학금과 수업료
   - 가구 구입비
   - 설비 구입비
   - 비품과 자료들
   - 인쇄 양식들과 서류들
   - 입학금이나 수업료의 후불에 대한 방침
   - _____
   - _____
   - _____

2. 비품과 장비에 관한 카탈로그와 가격 목록을 수집하라.

- [ ] 3. 회계 도표를 만들라.
- [ ] 4. 한두 가지 대안을 가진 임시 예산을 수립하라.
- [ ] 5. 은행 계좌(그리고 학교가 세워질 나라에 속한 우편 계좌)를 만들라.
- [ ] 6. 기부와 다른 자금을 획득하기 위한 계획을 세우라.
- [ ] 7. 부모들이 수업료를 지불할 경우 수업료 납입 봉투를 인쇄하라.
- [ ] 8. _____
- [ ] 9. _____
- [ ] 10. _____

재정 방침 (체크리스트 1, 2)

모든 중요한 지출 영역을 철저하게 생각하고 방침을 정해야 한다. 급료는 어떻게 정할 것인가? 입학금과 수업료는? 가정들이 충분한 재원을 갖고 있을 경우에는 학부모가 수업료와 비용을 지불하여 학교 사역을 재정적으로 지원한다. 선교의 목적을 갖고 있는 지역에서는 그 지역 밖의 단체들로부터 오는 기부금으로 주로 운영하기도 한다. 그렇지만 모든 학교는 가능한 한 빨리 재정적 독립을 해야 한다. 이것이 하나의 기본 재정 방침이 되어야 한다.

학교에 필요한 다른 재정 방침은 가구와 장비, 비품들과 인쇄가 필요한 서류와 양식들에 관한 것이다. 위 항목들이 포함된 비용에 관한 아이디어를 얻기 위해서는 카탈로그와 가격 목록을 수집하는 것이 도움이 된다.

회계 도표 (체크리스트 3)

회계 도표는 수입과 지출의 모든 영역에 관한 목록이다. 계산이나 부기에 능숙한 사람이 있다면 도표를 만드는 일을 도울 수 있다. 학교가 첫 해를 헤쳐 나갈 때 이 도표는 수정되어야 할 것이다. 학교가 성장함에 따라 추가의 수정이 필요하게 된다. 회계도표를 작성하는 일에는 종종 외부의 도움이 요청된다.

예산 (체크리스트 4)

예산이 수립되기 전에, 학교가 어떻게 조직될 것인가에 관한 많은 기본적인 질문들이 답변되어야 한다(이 단락에 있는 '학교 예산 세우기'란 글을 보라). 다음의 쟁점들에 관해 하나님의 인도하심을 구하라.

- 당신은 교사들에게 급료를 지불할 것인가? 그렇다면 어떤 기준으로 할 것인가(전액, 일부분, 기본 필요)? 급료 일람표를 만들 것인가? 아니면 모든 교사들에게 같은 금액을 지급할 것인가?(만약 선교사들이 가르치는 일을 하고 있다면 대개 자신이 소속된 곳에서 지원을 받을 것이다.)
- 보조 직원들(전임, 시간제)은 어떻게 지원할 것인가?
- 학교에서 교통편을 제공할 것인가?
- 학부모가 지불해야 할 수업료나 비용은 얼마나 되어야 하는가? 어떤 기준이 적용되는가? 다른 비슷한 학교들의 상황을 조사해

보라.
- 한 가정에서 둘째 혹은 셋째가 함께 다닐 때 수업료 혜택을 줄 것인가? 혜택을 준다면 얼마나 줄 수 있는가?
- 학교는 필요한 가정을 위해 보조금을 준비할 것인가?
- 학교는 교회나 선교 단체와 같이 다른 기관의 한 부분이 될 것인가 아니면 독립적 기관이 될 것인가?
- 학교는 새로운 가구와 설비를 위해 투자할 능력이 있는가? 아니면 중고 설비를 쓰려고 하는가?
- 학교는 돈을 빌려야만 하는가? 외부로부터의 재정 지원이 필요한가?
- 학교는 학생들을 위한 모든 학교 비품들을 준비할 것인가? 아니면 부모가 그 구입 비용을 내도록 할 것인가?

이러한 문제들이 해결되었다면(당신은 다른 문제들도 발견할 것이다) 예산의 기초가 되는 학생의 숫자를 추정한다. 첫 해에 얼마나 많은 학생들이 학교에 입학할지를 예상하는 것은 어려운 일이다. 따라서 두 가지 혹은 세 가지까지 가능한 예산을 세워 놓는 것이 현명하다. 하나는 긍정적이고 꿈같은 '모든 것이 잘될 경우의' 예산이고 두 번째 것은 명확한 가능성을 생각해서 계획된 등록 인원을 기초로 하여 만든, 보다 보수적이고 현실적인 예산, 세 번째 것은 더 비관적이지만 가능한 시나리오이다. 예산을 짤 때는 믿음이 정말 필요하지만 동시에, 가능한 한 현실적인 예산이 되어야 한다. 하나님께서는 성공을 맡기시기 전에 작은 시작을 주실 때가 많다. 사업이나 회계에 경험이 있는 사람이 있다면 함께 예산을 의논하는 것이 좋다. 예산을 세울 때 명심해야 할 좋은 원칙은 수입은 낮게, 지출은 높게 잡는 것이다. 예기치 못한 잡다한 비용들을 포함시키는 것을 잊지 말라. 잡비에는, 보통 적어도 전체 예산의 10%를 할당한다.

기금 모으기와 기부

교장과 위원회는 학교 구성원 외부의 특별 기금을 모으기 위한 방법들을 숙고할 필요가 있다. 당신의 지역에 기독교 학교의 시작을 지원하려는 특별한 단체들이 있는가? 그러한 프로젝트에 기부하려는 사람들이 있는가? 부모들에게 수업료 외에 매월 후원을 약정하도록 요청할 수 있는가? 기금을 모으기 위한 특별 활동이 조직될 수 있는가? 지역을 위해 학교가 비용을 받고 제공할 수 있는 사역이 있는가?

기금을 모으는 일은 학교가 속한 지역 공동체, 재정적 지원자가 되고자 하는 지역 주민들이나 단체의 역량과 열망, 그리고 계획되는 학교의 유형에 달려 있다. 그러나 교장과 위원회가 이러한 쟁점에 직면할 필요가 있고 이에 대해 창의적이어야 한다. 학교의 장기적 존속은 신중한 재정적 계획에 달려 있다고 할 수 있다.

학교 예산안 수립 _ 재정 안정의 필수조건 *

· 편집자 주 : 다음 정보들은 학교의 예산 수립에 관한 도움과 제안이다. 각 학교마다 필요로 하는 것은 다르다. 학교는 각각의 목적에 따라 조직되었으며, 예산안은 그러한 목표를 반영한다. 만약 학교가 수업료를 청구한다면 이러한 자금은 학교 수입의 중요한 부분을 차지할 것이다. 만약 학교가 특별한 목적으로 운영되어 수업료를 요구하지 않는다면, 또는 약간의 수업료를 요구한다면 후원단체로부터의 도움이 가장 중요한 수입일 것이다. 학교를 위한 실제적인 예산을 꾸리려 한다면 다음 정보들을 이용하라. 하지만 이 예산 모델이 그대로 현실에 적용되기는 무리이다.

* 아래 글은 August C. Enderlin의 글에서 가져왔음

서론

신중한 계획을 통해서 학교는 수입과 지출에 과다한 예산을 수입할 수 있다. 게다가 부정적인 자금 흐름을 미연에 방지할 수 있다. 학교 예산안은 가계부와 매우 흡사한 면이 있다. 내용과 금액은 다를지 몰라도 그 과정은 같은 것이다.

예비 자금을 유지하는 것도 좋은 관리 방법이다. 매달 체계적으로 약간의 자금을 비축함으로써 학교는 충분한 예비자금을 모을 수 있다. 이러한 비상자금은 어떠한 때, 어떠한 이유로도 사용될 수 있으며, 적절한 업무계획을 통해서 예상치 못한 상황을 보통 상황처럼 다룰 수 있다.

기독교 학교와 일반적인 학교의 재정 차이는 거의 없다. 둘 다 예산을 효율적으로 관리해야 하고 전문적으로 다루어야 한다. 학교 예산의 수입, 지출은 분리된 계좌를 가지는 것이 좋다. 다음 단락은 학교 예산에 관한 체계적인 접근 방안을 다루고 있다.

예산 수립 과정

예산안 수립의 첫 번째 단계는 재정 수입의 모든 목록을 만드는 것이다. 물론 등록된 학생의 수와 수입을 활성화하려면 기획에 관한 사항도 알아야 한다.

개교할 학교에서 등록될 학생의 수를 예측하는 것은 어려운 일이다. 종종 전문가조차도 실수를 한다. 학생의 수와 부과된 평균 수업료를 곱한 것이 예산의 수입이 된다(만약 수업료를 받지 않는다면, 수입의 많은 부분은 약속되거나, 기획된 다른 형태의 재정으로 채워져야 한다).

수업료와 교사 봉급은 예산안에 있어서 가장 중요한 사항이다(만약 그 학교가 교사 스스로 후원을 받는 체계라면, 지출에 있어서 봉급이 큰 비중을 차지하지 않을 것이다).

수업료를 받고 교사 봉급을 주는 학교는 이 두 사항이 긴밀한 관계를 가지므로 이것들에 대한 정확한 측정이 꼭 이루어져야 한다. 일반적으로 봉급은 전체 지출의 65~75%를 차지한다.

수업료 수입

수업료의 비율은 학교를 개교하기 6~8개월 전부터 다가올 학기를 위해 수립해야 하며, 적절한 수업료가 책정되어야 한다. 학교 간부들은 그들이 수업료를 낮게 책정해야 학생 수가 증가하고 학교가 더욱 성공할 수 있다는 잘못된 생각에 빠져서는 안 된다. 그런 일은 거의 일어나지 않는다. 또한, 수업 납부는 대개 학교 개교 한 달 전부터 학기가 끝나기 한 달 전까지 마무리되어야 한다. 다른 기독교 학교 또는 ACSI의 연간 수업료와 교사 봉급에 관한 설문조사가 도움이 될 것이다. 그 비율이 수립된 후에 다음 절차를 통해서 평균 수업료가 결정된다.

1. 만약 학년별로 수업료를 다르게 책정한다면 각 학년의 학생 수를 정확히 파악해야 최종 총 수업료를 결정할 수 있다.
2. 학생에게 장학금이 지급된다면, 수입에서 그 감소분을 고려해야 한다.
3. 교수진과 교직원들의 자녀들에게 일부 지원을 하게 된다면(추천할 만한 것임) 그 감소분을 고려해야 한다. 이상의 사실을 이용하여 총 수업료 수입을 결정할 수 있다. 총 수업료 수입을 총 학생 수로 나누어라. 이 평균 수업료는 다음 해 예산안 책정에 많은 도움이 된다. 물가 상승 요소가 미래의 수업료 상승 요소로 작용할 수도 있다.

각 학생들의 평균 수업료를 정확히 예상하는 것은 매우 어렵기 때문에 위에서 언급된 과정은 실제 평균 수업료를 결정하는 데 매우 중요하다.

급료

급료의 책정 과정은 수업료의 책정 과정과 매우 유사하다. 비서, 임시직, 관리인, 그리고 다른 교직원들도 잊지 말고 기억하라. 그리고 부수적인 수입도 포함시켜야 한다.

컴퓨터 소프트웨어

1~2년쯤 후에, 학교의 간부들은 봉급과 수업료를 책정하는 데 필요한 양식을 개발하게 될 것이다. 그리고 보편적으로 사용되는 회계 소프트웨어를 이용해, 미래의 수입과 지출 예산을 기획할 수 있다.

컴퓨터 소프트웨어는 봉급과 수업료를 책정하는 데 매우 유용하다. 이러한 프로그램을 통해 경영진과 이사회는 손쉽게 재무 상태의 변화를 확인할 수 있다. 비록 학생의 수라는 세 번째 변수가 있지만, 이 변수를 일정한 수로 정해놓고 계산한다면 이사회가 덜 혼동할 것이다. 다음 예산안 과정은 매우 간단하지만 각 항목의 정확한 통계를 얻으려면 시간이 다소 소요된다.

모든 측정이 이루어지면, 결과는 긍정적 또는 부정적인 자금의 흐름으로 나타날 것이다. 만약 자금의 흐름이 좋지 않다면 지출과 수입이 그에 상응하게 조정되어야 한다. 예산안은 긍정적 자금의 흐름이 되도록 기획되어야 한다.

교과서와 비품들

설립자가 몇 년 간의 경험을 쌓았다고 해도, 각 학생에 대한 교과서 예산을 수립할 수는 없다. 해마다 각 학년과 수준에 따라 개인들이 필요로 하는 것을 판단해야만 하는데, 여기에는 너무 많은 변수가 존재한다.

물론 손상되거나 변형되고, 찢어지고 잃어버린 책 때문에 바꿔야 하는 여유분의 교재가 있어야 한다. 만약 새로 개고한 학교라면, 또는 기존의 학교가 교과서를 선택하는 데 많은 변화를 주려 한다면, 문제는 더욱 복잡해진다. 각 학생들에게 필요한 교실 비품과 교과서, 워크북과 같은 항목을 만들고, 교과서 비용 등에 대한 견적을 세워야 한다(기존의 학교보다는 새로 개교하는 학교가 더 높다).

현금 비축

기업체 내에서 지출 예산의 5%의 현금 비축은 매우 신중하게 고려된다. 그와 같은 비축은 긴급한 지출 또는 학년 말의 오산을 완화시키는 데 매우 유용하다. 어떤 학교들은 전체 총계에서 이렇게 많은 액수를 따로 챙겨 놓지 못할 수도 있다. 그럴 경우, 매월 적은 액수를 정하여 3~5년의 기간을 거쳐 그 5%를 적립시킨다.

임금

고용인-피고용인 관계에서 임금보다 더 민감한 것은 없다. 피고용이 단 한 시간을 일했을지라도 고용인은 책정된 임금을 지불할 의무가 있다. 임금에 관한 약속들이 매우 책임 있게 이행되어지지 않는다면 근로 의욕은 급속히 떨어질 것이다.

일부 국가에서는 임금에 세금이 부과된다. 세금은 구체적이고 명확하며 정기적으로 기록되어야 한다. 학교 지도자는 임금에 관해(그리고 임금 부가세 등) 어떠한 필요 조건이 있는지 정부 정책을 검토해야 한다.

예산 수립 스케줄

예산 수립은 일찍부터 시작하는 것이 중요하다. 적어도 개교하기 전 6~8개월 전에는 시작해야 한다. 세심하게 수립한 후에, 학기가 시작되기 3~4개월 전에 그 예산안을 위원회에 제출하며, 그 학기의 첫 번째 달이나 두 번째 달에 실제적인 등록과 급료를 반영하여 수정해야 한다.

이 과정이 안정적으로 이루어진다면, 학년 말에 현금 사정을 계획할 수 있다. 다시 말하면 학년 말에 충분히 현금 흐름을 긍정적으로 만들 수도 있으며, 동시에 내년 비슷한 시기의 대략적 현금 상황도 비교적 정확하게 계획할 수 있다.

월별 도표

많은 새로운 학교 또는 작은 학교들은 예산 집행 과정을 돕기 위한 중요한 단계를 수행하지 않는다. 월별 도표를 완성하면 잘 짜여진 예산안과 형식적으로 만든 예산안 간의 차이를 잘 알 수 있다.

개략적인 예산안과 구체적인 예산안이 모두 준비되어진 후에, 전체 구상은 12개월의 분량으로 나눠진다. 일반적으로(항상은 아니지만), 학교의 1년은 9개월 동안 지속된다. 수입과 지출은 단순히 12개월로 균등하게 분배되는 것은 아니다. 그것은 단순하지 않다. 어떤 달은 매우 많은 지출이 있는 반면, 어떤 달은 지출이 매우 적을 수도 있다. 모든 항목에 대해 매월 예상되는 수입과 지출의 규모가 결정되어야 한다. 이를 위해 더 적합한 소프트웨어를 사용할지라도, 전체 흐름을 기록할 수 있는 원장을 사용하는 것이 좋다. 그것은 현금 흐름을 더 잘 유지하도록 학교를 돕고, 많게 지출되는 달과 적게 지출되는 달을 예상하고 이에 대비할 수 있게 한다.

개교 첫 해 이후의 월별 계획은 경험에 기초한 자료를 사용해 만들 수 있다. 전체 수령액과 지출 경비의 월별 비율을 개별적으로 계산해 보여줄 수 있다. 예산을 산출함에 따라 이 비율이 늘어날수록 다음 해의 월별 수입과 지출을 빠르고 정확하게 예측하게 된다. 컴퓨터가 이 기획을 매우 쉽게 할 수 있도록 해준다. 그러나 한 가지 유의할 점이 있다면, 비율로 예산을 짜는 것이 적절한지, 아니면 실재하는 현금으로 예산을 계획하는 것이 더 적합한지를 평가해야 한다.

축적된 월별 계획

만약 전체적인 월별 계획을 갖고 그것들을 모은다면, 매월 현금 흐름을 계획할 수 있을 것이다. 이러한 정보는 매우 세밀한 예산 계획을 세우는 데 있어 매우 중요하다.

요약

예산 계획을 세우는 일은 많은 시간과 느력을 필요로 한다. 새로 개교한 학교나 작은 학교들은 "우리는 많은 돈이 없다. 따라서 예산 계획을 거칠 필요가 없으며, 우리는 예산안에 매여 있지 않을 것이다"라고 말하고 싶은 유혹을 많이 느낀다. 이러한 말은 부분적으로 사실일 수 있다. 그러나 계획이나 청사진 없이 집을 짓는 것은 어려운 일이다. 누가복음 14장 28절은 "그것을 완성하기 위하여 자기가 돈을 충분히 가지고 있는지 먼저 앉아서 그 비용을 계산해야 한다"고 말하고 있다. 그 충고는 학교에도 적용될 수 있다. 이 말씀은 충분한 자금 확보가 장래에 차질 없이 그 일을 잘 완수하는 데 유용하다는 것을 보여준다.

학교는 능력 있는 회계사의 서비스를 확보함으로써 시간과 돈을 모두 아낄 수 있다. 그 사람은 재정을 기록으로 남겨서 데이터화 하는 일을 완성하거나 또는 조언자로서 도와줄 수도 있다. 무엇보다도 정확하게 시작하는 것이 중요하다.

도표

다음의 간단한 표는 모든 학교 설립 과정에서 적용할 수는 없을 것이다. 이것은 단지 하나의 제안이다. 당신의 학교 상황에 적용할 때 항목들을 추가하거나 삭제해야 한다.

이 표가 예산 수립 과정에 도움이 되기 위해서는 학교의 상황에 맞는 수정이 필요할 것이다. 기독교 학교와 수업료를 받지 않는 학교는 수입과 지출을 계획하는 데 차이가 있다. 어떤 학교는 수업료를 부과하지 않을 수 있다. 어떤 학교는 교사가 개인 후원을 받기로 계획된다면 교사에게 급료를 지불하지 않을 수도 있다. 각 학교는 학교의 구체적인 상황을 고려하여 이 표를 이용해야 한다.

예산 작성의 근본 원리

학생 1인당 현재의 수업료
등록 예상 인원
예상 고정 수입
등록자 수   총 예산

등록금 인상	1월	3월	5월	7월	9월	11월
인상 계획						
최종 수입						

급료 인상   최종 지출
　1월
　3월
　5월
　7월
　9월

(1) 입학생 수 × 등록금 − 고정 수입
(2) 급료, 환불 등을 포함한 총 금액

예산안 견적

학생수명 _____

회계연도 _____

· 참고 : 예산안을 작성하기 위해서는 수입과 지출에 근거를 둔 학생 수, 교수의 수, 학생당 수업료 등을 고려하여야 한다.

총 운영 수입

    수업료(학생수 × 평균 수업료)

    학교 상품판매(사탕 등 기타)

    계절학기 수업 등 집중 코스

    식당 운영 수입

    그 외의 수입

    기부금

총 운영 지출

    행정 지원 :

        회계 비용(임금대장 등)

        광고

        회의

        임금과 기부

        이자 지출

        사무실 비품들
        우표와 우송료
        교육 기술 개발
        공공비용
        수업료 관리 서비스

건물 유지 비용과 시설
        건물 임대료 및 사용료
        관리인 봉급
        유지, 보수
        외부 서비스(쓰레기 수거 등)
        시설물

자재 비용(설비 구엽 등)

자금 비축

교실 비용
        시청각 자료
        교실 비품들
        보수, 사례금
        보험(의무 학생)
        도서관 비용(학생당 5~10달러)
        전화
        교과서와 교재 구입

프로그램

    자금 마련 판매

    계절학기 등 집중 코스

    운송 비용(셔틀버스 등)

급료

    행정직원

    정규

    시간제 교사

    특별 교사

    비서, 사서, 수위 등

    파트타임 직원

    기타 연금 등

총 지출

차액

주요 설비에 대한 제안

(130~200명, 유치원부터 6학년을 위한 프로그램)

항목	장소	필요수량	개당가격(원)	합계
의자	유치원 의자	30		
	1학년 학생	30		
	2학년 학생	30		
	3학년 학생	30		
	4학년 학생	30		
	5학년 학생	30		
	6학년 학생	30		
	성인용 의자	10		
	선생님용 회전의자	7		
	교장용 회전의자	1		
	비서용 회전의자	2		
	방문자용	4		
학생 테이블/ 책상	학생/책상(7)	30×7		
	그 외	15		
책상	선생님	7		
	비서 / 사서	2		
	교장	1		
캐비닛	교실마다 한 개	7		

항목	장소	필요수량	개당가격(원)	합계
캐비닛	교실마다 한 개	7		
서류 정리 캐비닛	교실과 사무실	11		
보관 캐비닛	다양한 곳	4		
복사기	사무실	1		
컴퓨터와 프린터	사무실	2		
칠판	교실(적절한 크기)	21		
게시판	교실(교실당 3개)	21		
괘도 걸이		21		
교단	3-step	4		
시청각 자료	프로젝터	3		
	테이프 플레이어	4		
	텔레비전	2		
	비디오 플레이어	2		
영화용 스크린	행사용	1		
벽걸이 스크린(소)		7		
음악 스탠드		9		
피아노 또는 건반악기(키보드)		1		
사무용품				
복사기 등				
운동장 설비				

항목	장소	필요수량	개당가격(원)	합계
지도, 지구본, 백과사전				
시계, 벨 시스템, 화재 경보기 등				

주요 설비 합계

학생 교통편의 제공

모든 기독교 학교가 학생 교통편을 제공하지는 않는다. 학교가 버스나 밴을 구입하고, 그것을 운영하고 관리하기 위해서는 많은 비용이 든다. 많은 학교들은 부모들이 스스로 교통편을 제공하길 요구한다. 만약 학교를 운영하면서 교통편을 꼭 제공해야 한다면 몇몇 사항을 점검해 보아야 한다.

1. 위원회가 성문화된 정책에 동의한다.
2. 비용은 예산안에 포함한다.
3. 운송 수단을 정하고 구매한다(혹은 기부를 받는다).
4. 운전 기사 모집을 위한 광고 및 면담을 한다.
5. 운송 일정을 계획한다.
6. 차량 정비 일정을 계획한다.
7. 운송 수단에 대한 정부의 정책을 점검하고 확인한다.
8. 만약 보험이 필요하면, 효율적인 보험에 가입한다.
9. 차량 사용 방침을 작성한다.
10. 만약 부모가 교통편을 제공한다면, 학교에서 아이들을 등하교시킬 때, 안전한 규칙을 개발한다.
11. _____

구상

 교장과 위원회는 학생들의 교통편을 어떻게 할지 결정해야 한다. 만약 대중교통을 이용할 수 있다면 학교는 부담을 덜 수 있을 것이다. 때로는 학부모의 도움으로 카풀을 조직하는 것이 밴이나 학교 버스 비용을 막아주기도 한다. 만약 학교가 교통편을 제공하기로 결정한다면, 그와 관련된 모든 규정에 대한 허가 사항을 점검해야 한다. 또한 학교 운송 체계의 학생 사용에 관한 학부모의 동의서를 받아야 할 것이다.

예산

 학교의 회계 담당자는 운송을 위한 예산을 분리해야 하고, 각각의 아이들에 대한 비용을 계산해 보아야 할 것이다. 일반적으로 교통편의 제공은 그 자체로 모든 경비를 충당할 수 없고 적자의 원인이 될 수 있다. 그것을 충당할 어떤 방법을 찾아야 한다. 만약 충분한 학생 수를 가지고 있는 학교라면 교통편의 제공이 꼭 필요하며, 학교와 학생들의 가족에게도 참으로 유용하며 도움이 될 것이다.

차량

 그밖에, 학교는 차량 운행에 필요한 법적 규정을 반드시 체크해야 한다. 중고 밴이나 버스가 유용할 수도 있다. 학교는 신뢰할 만한 정비공에게 차량 점검을 해야 하고, 차량과 승객에 대한 보험에 가입해야 한다.

현장 학습

 현장 학습은 운송수단을 이용해 학생들을 가르치기 위한 좋은 기회이다. 또한 학생들도 이러한 교육에 흥미 있어 할 것이다. 학교는 학생들과 함께 이용할 차량의 모든 방법에 대해 부모들로부터 동의를 얻어야만 한다. 만약 학교 소유의 밴이나 버스가 있다면, 현장 학습에 사용할 수 있을 것이다. 또한 이러한 교통편에 대해 부모들의 동의서를 받는 게 현명하다.

등 하교

 학부모에게 아이들의 등하교에 대한 안전 규정을 제시하는 것이 현명하다. 학교는 등하교를 위한 특정한 장소를 정해야 한다. 또한 오전과 오후 사용하는 장소를 감독 관리해야 한다.

건강 _ 보건

학생들의 건강과 안전은 굉장히 중요하다. 만약 학생 보험이 유용하고 필요하다면, 조사하여 가장 좋은 보험에 가입하는 것이 필요할 것이다. 학교는 건강에 좋은 운동을 하도록 학생들을 훈련해야 한다.

- 1. 학교 생활을 위한 책임 있는 보험 정책을 결정한다.
- 2. 보험이 필요한지 아니면, 학생들의 가족 보험으로 족한지를 살펴보고 검토한다.
- 3. 부가적인 보험 준비가 필요한지의 여부를 검토한다.
- 4. 건강 상태에 대한 정보를 부모로부터 제공받아야 한다. 의료 방식을 학생에게 적절한 때에 제공받을 수 있다.
- 5. 건강 기록 자료는 각 학생들의 건강을 바로 잡고 유지할 수 있도록 돕는다.
- 6. 학교는 이용할 수 있는 지역 의료 서비스가 어딘지 알아야 한다.
- 7. 교과 과정 안에 건강과 예절에 대한 훈련을 포함한다.
- 8. _____
- 9. _____
- 10. _____

보험 (체크리스트 1~3)

  만약 학교에서 보험이 필요하거나 유용하다면, 책임 있는 보험 정책이 요구된다. 그러한 보험 정책은 교직원이나 학생들이 어떤 사람이나 사고로 생기는 손상을 보호할 것이다. 학생들을 위해 사고에 대한 정책이 필요한지 아닌지를 검토해 보라. 때로는 그러한 정책이 학생들의 가족 보험에 의해 보호받고 있기 때문에 필요 없을 수도 있다. 그러나 추가 보험은 학교 안에서 일어날 수도 있는 위험한 사고로부터 학생들을 보호하기 위해 필요하게 될 것이다.

건강과 치과 정보 (체크리스트 4~6)

  학부모들에게 어린 시절의 질병, 면역, 사고 수술과 같은 학생들의 건강 기록을 제공받는 것은 정말 중요하다. 이러한 기록은 각 학생들 건강사의 한 부분이 될 것이다. 학교에서는 학생들 기록이 항상 보존되어야 하며, 적어도 일 년에 한번은 새롭게 기록해야 한다. 하여튼 학생들의 의학적인 문제나 장애를 아는 것은 중요하다.

  어떤 부분에 있어서는 공립이나 주립학교의 의료 체계를 제공받을 수 있을 것이다. 학교는 이러한 건강 진단과 서비스 이용이 가능한지를 검토해 보고, 그것들을 이용할지, 학교가 제공하는 서비스를 이용할지를 결정해야 한다.

  신설된 학교에서 건강 기록부와 의료 체계를 긴급히 갖춰야 하는 것은 아니다. 이러한 프로그램은 해가 지남에 따라 구비될 수 있는 것이다. 그러한 자료가 학교의 의무는 아니지만, 학교의 구성원(선생님,

학생들에게 진정한 혜택을 줄 것이다.

건강과 습관을 가르침 (체크리스트 7)

정규 교과 과정 안에서 건강 훈련을 하는 것은 현명한 일이다. 하나님은 그리스도인들이 그들 자신의 몸을 스스로 돌볼 책임을 주셨고, 그들은 스스로를 돌볼 수 있는 최선의 방법을 알 필요가 있다. 또한 학생들 사이에 좋은 관계를 형성하도록 올바른 예의를 가르쳐야 한다.

비상시 건강과 안전 정보

학생 이름 _____ 날짜 _____

생일 _____ 나이 _____ 학년 _____

집 전화번호 _____ ☐ 남자 ☐ 여자

학교에서의 형제, 자매

이름 _____ 반 _____

이름 _____ 반 _____

부모의 정보

아버지의 이름 _____ 연락처 _____

어머니의 이름 _____ 연락처 _____

비상시 연락망 (부모 부재시)

이름 _____ 아이와의 관계 _____ 연락처 _____

이름 _____ 아이와의관계 _____ 연락처 _____

추가사항 (비상시 아이를 데려갈 수 있는 사람)

_____

건강 정보 (건강 상태를 포함)

_____

_____

- 주의 사항 : 약물 치료, 일반 판매약이나 처방전이 있는 약은 약물을 투여하거나 바를 때 부모나 의사의 허락을 받아야 한다.

위임장

나 _____(보호자 이름)_____ 는 위의 학생의 부모로서, 학교의 공식적인 대리인으로서의 역할에 동의하고 이를 위임한다. 학교는 우리의 진실하고 법적인 대리인으로서, 단독으로 권위를 가지고, 위의 학생이 학교 생활, 현장 학습, 수련회, 여행, 운동, 응원 연습, 방과 후 활동 등 중에 의사에게 수술이나 치료를 받아야 할 경우, 마취 또는 의학적 치료를 시행하는 것에 동의한다.

아래 서명한 보호자는 학생을 고려하여 정해진 대리인에게 학생의 보호를 위탁하며, 대리인과 학교가 응급시에 행하는 모든 행위, 즉 마취나 의학적 치료, 수술이나 조직을 제거하는 시술에 대한 결과 등 신뢰감 있게 수행한 모든 결과에 대해 법적 책임을 묻지 않는다.

이 법적 보장에 대한 동의는 즉시 알았든지 몰랐든지, 미리 예측되었든지, 어떤 이유에 의해 일어났든지 간에 항상 적용된다.

이름 _____ (인) 날짜 _____

이 위임장은 응급시 학생의 안전을 위해 꼭 필요할 것이다. 한 부는 항상 학교에서 보관하고 있어야 하며, 다른 한 부는 담당 교사, 조언자, 지도원, 방과 후 교실 담당자 등에게 맡겨야 할 것이다.

이 양식은 학생이 학교 생활을 시작하기 전에 반드시 학교 문서 파일로 보관해야 한다.

학교 홍보하기

학교 홍보는 가능한 일찍 시작하는 것이 중요하며, 교회와 학부모에게 접근할 수 있는 모든 통로를 이용해야 한다. 이전 장에서 이미 몇 가지의 방법들이 소개되었으나, 이번 장에서는 그 방법들과 전략들을 재검토하고 정리하도록 한다.

check list

1. 기독교 학교에 대한 관심을 환기시키기 위해 교회의 교역자들과 영적 지도자들과 동역한다.
2. 학교 홍보를 위해 안내 책자나 전단지를 준비한다.
3. 지역 교회에 학교를 홍보한다.
4. 학교 주변 지역이나 학교가 포괄할 수 있는 지역이라고 판단되는 곳에 전단지를 배포한다. 식료품 가게나 상점들의 벽보나 게시판에 포스터를 붙일 수도 있다.
5. 교회를 비롯한 각종 단체에 우편물을 이용해 홍보를 할 수도 있다. 위원회나 교장의 서신과 답변 양식을 동봉하여 전단지를 보낸다.
6. 각종 단체, 교회, 교회의 모임에서 사용할 슬라이드, 비디오, 사진, 프리젠테이션 등의 홍보 자료를 제작한다.

교역자들과 영적 지도자들에게 홍보하기 (체크리스트 1)

학교 설립에 참여하는 사람들은 주님 앞에서 그의 인도와 지혜를 바라고 그의 시기와 방향을 알게 해달라고 기도하는 시간이 필요하다. 만약 내년에 학교를 설립할 수 있도록 이끌어 주실 것이라고 믿는다면, 다른 이들과 그 비전을 나누어야 한다. 우선 존경할 만한 목회자들과 영적 지도자들이 비전을 나누는 것이 현명하다. 비전을 가진 사람들은 영적 지도자들과 그 비전을 나누는 데 전심을 다해야 한다. 기획위원회는 학교 설립과 비전에 대한 세부 사항을 기술한 자료를 작성해야 한다. 이러한 자료를 통해 교역자들과 영적 지도자들이 학교 설립에 대한 정보를 얻을 수 있을 것이다. 또한 그들과 만나서 학교 설립에 대한 구체적인 계획들을 토론해 볼 수 있는 모임을 제안할 수 있다. 이러한 방식으로 위원회는 교역자들과 영적 지도자들의 의견을 수렴해 가야 한다.

기획위원들은 교역자들과 영적 지도자들을 가능한 한 많이 찾아가야 한다. 이러한 만남들은 영적 리더십과의 관계를 형성하는 매우 가치 있는 일이다. 기획위원들은 비판적인 의견이나 비관론도 받아들일 준비를 해야한다. 그러나 기독교적 교육의 필요성이나 적절성을 증명하거나 설득하려고 애쓸 필요는 없다. 성숙한 태도로 반응해야 하며 다른 사람들이 말하는 것들을 받아들이고 그들의 생각과 제안에 대하여 깊이 사고하고 기도하고 있다는 것을 확신시킬 수 있어야 한다. 이러한 과정에서 가장 중요한 것은 영적 리더십을 존중하고 정보를 제공하는 것이다. 학교 설립에 대한 계획은 즉시 그 성과가 나타나지 않을 수 있다. 그러나 몇몇 교회 지도자들이 협력하거나 프로젝트의 일부분을 담당하고자 할 수 있다. 학교 설립 기획자들은 이에 대해 정성들여 기도해야 하며, 그들의 동기를 이해하고자 노력하고, 이 사실을 학교 이사회에 보고해야 한다.

만약 학교가 교회의 학교(한 교회에 의하여 조직되고 운영되는 학교)가 된다면 목사는 일반적으로 학교에 대한 리더십을 행사하고자 할 것이다. 그의 리더십과 조언을 구하는 것은 중요하다. 학교 설립을 가능하게 하는 한 가지 방법은 교회의 시설을 이용하는 것이다. 학교는 교회 시설 내에 존재할 수 있으며, 그 기독교 공동체의 큰 사역이 될 수 있다. 아마도 교역자들의 자문위원회는 학교를 후원하는 교회와 학교에 지원할 학생들이 출석하는 다른 교회와의 관계를 연결시킬 수 있다. 이러한 자문위원회는 학교를 초교파적으로 운영할 수 있게 하여 다양한 교회 출신의 학생들을 입학시킬 수 있게 할 것이다.

안내 책자나 전단지 준비하기 (체크리스트 2)

학교에 대한 기본적인 정보를 제공하는 조그마한 전단지나 안내 책자를 준비하는 것은 매우 바람직한 일이다. 이러한 홍보물에는 다음의 사항이 포함되어야 한다.

- 기본 철학(매우 간결하게 구성된)
- 학년 구성
- 주소를 포함한 위치 및 전화번호
- 이사진과 교장의 이름

- 통학 버스 제공 유무

학교가 성장함에 따라 학교의 각 부서에 대한 상세한 자료가 필요하다. 학생들과 활동 사진이 포함될 수 있으며, 간단한 전단지라면 흥미를 불러일으키고 참여를 고무시키기 위한 내용이 필요하다.

전단지의 디자인은 매력적이어야 하고 좋은 정보를 담고 있어야 한다. 컴퓨터와 복사기만으로도 전문적인 디자인이나 인쇄비에 대한 부담 없이 즉각적으로 사용할 수 있도록 만드는 것도 좋다.

지역 교회에 홍보하기 (체크리스트 3)

학교 설립 기획자들을 전단지와 안내 책자를 가지고 지역 교회를 방문하여 학교 홍보를 시작해야 한다. 가능하다면 비디오를 이용한 프리젠테이션이나 포스터를 제작해야 한다. 이러한 홍보물은 학부모의 관심과 흥미를 유도할 것이다. 이러한 홍보물은 반드시 필요한 것이 아니므로 차후에 제작될 수도 있다. 그러나 교회와 가능한 빠른 시일 내에 만나는 것이 좋다(아래의 시각적 프레젠테이션에 대한 설명을 참조하라).

- 교장이나 이사들이 교회 예배 때 학교 소개를 할 수 있는지, 교회들과 접촉해 본다.
- 주일 모임이나 성경 공부 모임 또는 학부모 모임을 방문하여 광고지와 답변 양식을 배포한다.
- 교회 게시판에 포스터, 전단지, 안내 책자를 붙이거나 비치한다.
- 자금이 충분하다면 전단지를 전 교인에게 우편으로 발송한다.
- 학교에 대하여 관심 있는 사람들과 모임을 기획한다.

학교를 홍보하기 위한 자리에서 학교의 비전과 학교의 기본적인 설립 취지를 설명하는 것으로 홍보를 시작하고 일반적인 질문들에 답변할 수 있어야 한다. 학교 소개가 끝나면 청중들이 질문할 시간이 있어야 하고, 이 질문들에 매우 신중하게 답변해야 한다. 전체 시간은 한 시간 이내나 한 시간을 약간 초과하는 정도로 한다. 이후에는 교역자나 그룹리더에게 학교의 비전을 나눌 기회를 준 것에 대해 감사 편지를 보내는 것이 좋다.

전단지

작은 전단지는 학교에 대한 간단한 설명을 제공하기 위해 제작된다. 즉 학교가 어디에 위치하며, 언제 시작할지, 또 학년 구성과 더 자세한 정보를 얻기 원하거나 지원하고자 할 때 연락할 수 있는 전화번호를 포함할 수 있다. 또한 사람들이 많이 볼 수 있는 곳에 작은 포스터를 붙이는 것도 유용하다.

메일링 리스트

때때로 교회나 다른 단체들로부터 메일링 리스트의 이용할 수 있다. 이 리스트는 학교를 홍보하기 위한 연락처로 이용할 수 있으며, 광고지나 안내 책자, 전단지를 학교 책임자의 서신과 함께 보낼 수 있다.

시각적 홍보 (체크리스트 4)

시각적 홍보물은 학부모, 목회자, 영적 지도자들을 위한 좋은 홍보 도구가 될 수 있다. 여러 가지 시작적 홍보물이 있는데, 이 중 몇 가지는 재정과 여러 여건들을 고려해서 제작해야 한다.

- 학교의 각 프로그램을 홍보할 수 있는 슬라이드
- 학년 구성, 위치 등의 정보를 포함하여 학교의 철학과 설립 목적을 홍보하는 포스터들
- 그림이나 확대된 사진 등의 대형 시각 자료
- 비디오 프레젠테이션 자료
- 파워 포인트 자료

시각 홍보물이 절대적으로 필요한 것은 아니지만, 말로 전달되는 프리젠테이션의 효과를 극대화 할 수 있도록 도와준다. 이러한 홍보물 제작을 위하여 창의적인 동역자들이 필요하다.

기억하라, 이것이 하나님의 학교 시스템이다

기독교 학교가 하나님께 영광 돌리지 않고 하나님의 주권 아래 있지 않은 개인적인 사업으로 전락해서는 안 된다. 기억하라. 이것은 하나님의 학교이다. 모든 일의 중심에 주님이 계셔야 한다. 기독교 학교가 하나님을 영화롭게 하고 예수 그리스도가 그 사역의 중심에 계시도록 하기 위해 다음과 같은 사항들이 지켜져야만 한다.

1. 기도하고 하나님 말씀을 공부하라.
2. 하나님의 인도하심과 예비하심을 믿어라.
3. 하나님의 예비하심과 인도하심, 그리고 그분의 능력을 찬양하라.
4. 목사와 이사회, 교직원, 학생과 학부모들이 기도하고 찬양하도록 격려하라.

기도와 성경 공부

만약 우리가 하나님의 가족과 아이들과 함께 하나님의 일을 하고자 한다면, 규칙적으로 하나님과 소통하는 일은 가장 근본적인 일이다. 하나님의 말씀인 성경을 공부하면 하나님께서 우리를 인도하시고 바로잡아주심을 느끼게 된다. 기도는 주님과의 자연스러운 소통이다.

목사, 이사들, 교직원들, 학생과 학부모가 하나님의 인도와 가르치심을 성경 공부와 기도에서 찾는 것은 매우 중요한 일이다. 성경은 믿는 자들이 서로 격려하라고 가르친다. 우리가 성경을 공부하고 기도할 때, 우리는 서로를 주님 안에서 굳건히 세울 수 있고, 그의 학교에서 그리스도를 섬기도록 서로 독려할 수 있다.

하나님을 신뢰하라

기독교 학교에서 하나님을 전적으로 신뢰해야 하는 것을 잊고, 인간적인 리더십이나 사람의 열정, 재정 후원자 또는 인간의 창조성을 의지하기 쉽다. 모든 것은 하나님으로부터 오며 하나님께서 인도하시고 공급하심을 믿어야 한다. 물론 우리는 하나님이 주신 능력과 은사로 일하지만, 모든 일에 함께 하시는 하나님을 지속적으로 신뢰해야 한다. 하나님은 성경에서 다음과 같이 말씀하신다. "나는 네가 나를 믿기를 원하노라." 그리고 우리는 기독교 학교의 모든 이들이 그렇게 하도록 격려해야 한다.

하나님을 찬양하라

우리는 때때로 하나님의 주신 것들을 받아들이기만 하고 감사하는 것을 잊어버리기 쉽다. 따라서 기독교 학교의 지도자들, 교사들, 학생들은 기독교 학교를 위해 공급하시고 유지하시는 하나님을 찬양해야 한다. 찬양은 수업과 예배, 그리고 기독교 학교와 관계된 모든 이의 삶의 일상이 되어야 한다.

"너는 알지 못하였느냐 듣지 못하였느냐 영원하신 하나님 여호와, 땅 끝까지 창조하신 이는 피곤하지 않으시며 곤비하지 않으시며 명철이 한이 없으시며 피곤한 자에게는 능력을 주시며 무능한 자에게는 힘을 더하시나니"(이사야 40:28~29).

"이는 나 여호와 너의 하나님이 네 오른손을 붙들고 네게 이르기를 두려워하지 말라 내가 너를 도우리라 할 것임이니라"(이사야 41:13).

"주의 눈은 의인을 향하시고 그의 귀는 의인의 간구에 기울이시되" (베드로전서 3:12).

"그를 향하여 우리의 가진바 담대함이 이것이니 그의 뜻대로 무엇을 구하면 들으심이라 우리가 무엇이든지 구하는 바를 들으시는 줄을 안즉 우리가 그에게 구한 그것을 얻은 줄을 또한 아느니라" (요한1서 5:14~15).

"여호와는 위대하시니 크게 찬양할 것이라 그의 위대하심을 측량하지 못하리로다"(시편 145:3).

"여호와께 감사하라 그는 선하시며 그 인자하심이 영원함이로다" (시편 107:1).

부록 04

특별부록. **우리 나라 기독교 대안학교의 현황과 설립 문제**

임태규 | 기독교대안학교연맹 사무총장

1. 기독교 학교란?

기독교 학교라는 용어는 많은 사람들을 혼란하게 만든다. 대부분의 사람들은 공교육 체제 하에 있는 미션스쿨을 편하게 기독교 학교라고 부르고 있고 또 최근 10년 전부터 공교육이 안고 있는 많은 문제들에 대한 기독교적 대안을 내세우면서 등장한 기독교 대안학교도 기독교 학교라고 부르고 있다. 이 두 학교 형태는 넓은 의미에서 보면 모두 기독교 학교의 범주에 포함시킬 수 있지만, 기독교 학교를 단순하게 기독교 교육이 이루어지고 있는 교육의 장으로 정의하더라도 이들 학교를 기독교 학교라고 부르는 데는 미흡한 점이 많이 있다.

노르만 하퍼(1995, p.89)는 기독교 학교를 '학생들을 개인적으로, 집단적으로 훈련시켜 그리스도께서 만드신 모든 것을 그리스도 안에서 다스리도록 하는 독특한 목적을 가진 기독교적 학문 공동체'라고 정의하고 있다. 그리고 기독교 학교의 본질적 성격을 규정하는 요소로 '기독교 교육철학을 매일의 수업에 적용하는 교사', '신본주의적 성향의 역동적이고 통합된 교육 과정', 그리고 '신적인 권위 아래 학교 정책을 수립하는 행정' 이렇게 세 가지를 들고 있다. 한편 김희자는 하퍼가 제시한 세 가지 요소를 더 세분화시켜서 여섯 가지를 제시하였다(김희자, 1998, p.8). 이를 소개하면 다음과 같다.

1. 기독교 학교는 스스로의 정체성을 성경과 기독교 세계관에서 확립

하고, 교육 이념과 교육 목적에 대한 분명한 확신과 헌신이 있어야 한다.
2. 기독교 학교의 교육은 기독교 세계관이 분명한 교사에 의해 이루어져야 한다.
3. 기독교 학교는 기독교적 세계관에 근거한 하나님 중심적이고 신앙과 학문이 통합된 교육 과정을 개발하는 데 헌신하여야 한다.
4. 기독교 학교의 행정과 운영이 기독교적으로 이루어져야 한다. 성경적인 행정의 개념인 '봉사'가 핵심적인 이념이 되어야 하며, 그리스도를 닮은 '섬김'과 '돌봄'이 학교 행정체계의 원동력이 되어야 한다.
5. 기독교 학교는 교회나 교단과 긴밀한 협력관계를 유지하되 상호 지배나 경쟁적인 관계가 아니라, 상호협조적이며 상호후원적인 관계를 지켜나가야 한다.
6. 기독교 학교는 신앙 공동체와 학문 공동체로서의 탁월성을 향하여 부단히 노력하여야 한다.

이와 같은 관점에서 보면 기존의 미션스쿨은 학교 교육 과정이 기독교 세계관에 기초해 있지 않으며 학교의 인적 구성원도 공교육과 크게 다를 바 없고 기독교 교육은 다만 예배와 종교 과목을 가르치는 정도에 그치고 있기 때문에 기독교 학교로 보기 어렵다. 메첼슨은 이런 학교를 '케이크 위에 놓인 아이스크림'에 비유하였다. 그렇기 때문에 미션스쿨의 과제는 공교육 체제 아래에서 어떻게 하면 기독교 교육이 가능한가 하는 문제를 푸는 데 있다.

2. 기독교 대안학교의 등장 배경

그러면 기독교 대안학교의 경우는 어떠한가? 기독교 대안학교는 우리 나라 교육이 처해 있는 현실적 상황과 문제점들에 대한 기독교적 대안을 모색하는 가운데서 등장하였다. 기독교 대안학교의 스펙트럼은 무척 다양해서 '기독교 대안학교는 이런 학교이다'고 명확하게 규정하기는 어렵다. 그렇지만 그 등장 배경을 살펴보면 기독교 대안학교의 특징들을 이해하는 데 많은 도움이 된다.

첫째로 기독교 대안학교는 그리스도인들의 자기 반성의 필연적 결과로 등장했다는 점이 독특하다. 윤화석(2006)은 기독교 대안학교의 등장을 다소 비판적인 시각으로 바라보고 있다. 실제로 한국의 그리스도인들이 가지고 있는 공교육에 대한 생각은 결코 비그리스도인들에 비해서 윤리적으로, 그리고 행동적으로 우월한 입장과 위치에 있지 않다. 또한 공교육제도의 영향력 하에서 교회 교육/기독교 교육은 무기력하게 순응만을 강요당했거나 아니면 공교육의 영역에 대해 '교회 교육'과 '세속 교육'이라는 이원론적인 분리와 자기 위안으로 방치하고 무시하는 경향이 그리스도인들에게 팽배하였던 것도 사실이기 때문이다.

둘째로 공교육이 지니고 있는 문제점들에 대한 대안 제시 측면에서 기독교 대안학교 등장을 논할 수도 있겠다. 오춘희(2005, p.19)가 세속 대안학교와 기독교 대안학교가 등장하게 된 배경의 차이점을 다음과 말하고 있는데 이는 정확한 지적이라고 할 수 있다.

'90년대 한국의 기독교 학교 운동은 90년대의 대안학교 운동과 맞물려 진행되어 왔으나 그 근본적인 지향은 매우 다르다. 두 운동 모두 학교 교육의 문제점에 대한 반응과 비판 대안으로 제시되었지만 한국 사회 내에서 대안학교 운동가들과 성경적인 학교 교육을 하려는 사람들은 이념적인 대척점이 있다고 할 수 있다. 한국의 교육에 대한 문제 제기는 함께 하였으나 성경을 토대로 한 교육 및 하나님께 대한 순종을 강조하는 기독교 학교는 자유와 생태주의를 표방하는 대안학교 운동과는 다른 지향점을 가질 수밖에 없다. 기독교 학교들 가운데서도 자연을 보호하고 환경을 생각하는 소박한 삶과 친환경적인 경향의 학교들은 있으나 이념적 배경이 강한 이른바 386세대의 정치 경제적 세계관에 입각한 대안학교들과는 거리가 있을 수밖에 없다."

일반적으로 기독교 학교가 아닌 공교육에서는 기독교 교육이 실시된다고 볼 수 없다. 그리고 공교육은 하나님이 교육과 전혀 관계가 없다는 전제 아래 진행되고 있다. 공립학교가 겉으로는 종교적 중립을 주장하면서도 실제로는 인간을 중심에 두어 인간이 진리와 실체의 궁극적인 결정자라고 강조하는 교육 구조나 교육 과정을 엄격하게 유지하고 있는 것이다. 물론 공립학교 안에도 하나님의 부르심에 따라 예수 그리스도의 증인으로서의 사명을 수행하며 헌신하고 있는 기독교사들이 있기는 하다. 그러나 그들 자신의 힘으로 공립학교의 기초를 이루는 세계관을 바꾸기란 쉽지 않기 때문에 그들의 사역에는 한계가 있을 수밖에 없다. 이는 공교육은 세속 인본주의라는 세계관에 기초한 교육을 할 수밖에 없는 구조를 지니고 있기 때문이다.

셋째로 기독 학부모들의 자녀 교육에 대한 종교적 책무성이 강하다는 점이다. 기독교 대안교육은 학교 부적응 학생이나 중도 탈락자들을 구제하기 위한 교육이 아니라(5.31 교육개혁 이후 특성화학교 설립법에 의해서 세워진 기독교 대안학교들, 예를 들면 두레자연고등학교, 세인고등학교, 동명고등학교 등은 학교 부적응 학생들을 구제하기 위해서 세워졌으나, 해를 거듭할수록 이런 경향은 사라지고 기독교 대안학교들은 순수 기독교 교육 이념을 추구하는 학교로 변모하고 있는 것이 현실이다) 오히려 자녀 교육의 일차적인 책임이 부모에게 있다는 확고한 신앙을 바탕으로 한 교육적 실천으로 보는 것이 타당하다. 공교육과 기독교 교육은 삶의 목적에 대한 견해가 너무 다르기 때문에 둘 중 하나를 선택해야 한다는 부담을 갖게 되고 따라서 기독 학생들로 하여금 신앙을 거부하도록 하는 사단의 유혹이 그만큼 증가된다(리차드 애들린, 2005, P.27). 오늘날 기독 학부모들은 실제로 자기 자녀를 모든 삶의 영역에서 주님 되심(Lordship)을 인정하고, 영적인 차원만이 아니라 지적 차원, 신체적 차원, 정서적 차원, 관계적 차원 등을 종합적으로 포용하는 전인적인 신앙 교육을 시키기를 원하고 있다.

넷째는 교회가 하나님 나라의 일군을 양성하고 사회 각 분야의 기독교적 리더십을 지닌 인재의 양성을 강력하게 요청하고 있기 때문이다. 일반 공교육은 이러한 지도자를 양성하기에 불충분한 구조이다. 사회 각 분야 속에서 기독교 신앙을 바탕으로 탁월한 리더십을 발휘할 수 있는 인재를 양성하는 것은 세상을 변혁시키는 기독교적 영향력을 극대화 하는 방법이기도 하다. 박상진(2005)은 이와 같은 기독 인재의 양성을 오늘날 우리 나라에서 기독교 교육을 요청하고 있는 중요한 요인 중의 하나로 보았다.

다섯째는 우리나라 교회 교육의 위기가 교육에 특별한 관심을 가지고 있는 그리스도인들의 기독교 대안학교에 대한 관심을 증폭시키고 있다. 현 교회 학교 교육은 세속 교육에 비해서 교육적 환경은 물론 교육의 질과 수준면에서 현저하게 뒤떨어지고 있고 또 교회를 떠나는 청소년들의 수는 해를 거듭할수록 증가하고 있다. 그래서 교회는 새로운 교육적 대안을 모색하지 않을 수 없게 되자 그 대안으로 기독교 대안학교로 눈을 돌리게 된 것이다.

따라서 대안학교가 등장하게 된 배경적 지식을 통해서도 세속 대안학교와 기독교 대안학교가 소위 대안 교육의 중핵적 개념이라고 할 수 있는 '대안성'에 대해 다른 입장을 보인다는 것을 알 수 있다. 이것은 또한 우리나라 기독교 대안학교의 정체성을 확립하는 데 있어서 중요한 발판이 될 수 있을 것이다.

3. 기독교 대안학교의 의미 규정

많은 사람들이 기독교 대안학교라는 말을 쉽게 사용하고 있지만 이 명칭에 대해서 조금만 고민해 보면 대단히 혼란스럽다는 것을 알게 될 것이다. '기독교 학교'에 '대안'이라는 이름이 삽입된 것인지, '대안학교'에 '기독교'라는 말이 덧붙여진 것인지, '기독교 대안학교'라는 나름대로의 정체성을 지닌 새로운 형태의 학교인지 분명치 않다. 기독교 대안학교는 분명히 다의적인 의미를 지니고 있다.

먼저 '기독교 대안학교'에 대한 오해를 풀기 위해서 분명히 짚고

넘어가야 할 몇 가지 문제가 있다. 이는 기독교 대안교육의 의미를 명확히 규정하는 일이다. 첫째는 '대안 교육을 하는 기독교 학교'라는 뜻으로 기독교 대안학교를 이해하게 되는 경우이다. 이는 기독교 학교가 대안 교육을 실시한다는 의미인데 그렇게 되면 기독교 학교의 정체성에 큰 혼란을 가져오게 된다. 기독교 학교는 기독교 교육을 하는 학교일진데 그 기독교 교육이 대안 교육과 동일시되거나 아니면 대안 교육으로 둔갑하게 되는 결과를 가져온다. 기독교 이념과 정신으로 학교가 세워지긴 하였는데 학교 교육 과정과 실제로 이루어지고 있는 교육활동은 기독교 세계관에 기초해 있지 않고 오히려 세속 대안학교 교육을 실시하는 학교들을 우리 주변에서 많이 볼 수가 있다.

둘째는 수많은 교육의 대안 중에서 기독교 교육을 하나의 대안으로 생각하여 기독교 대안학교를 생각하는 경우이다. 얼핏 보면 별 문제가 없어 보이는 듯하지만 첫 번째 오해만큼 문제가 있다. 이와 같은 입장은 기독교 대안 교육을 간명하게 이해하는 데는 많은 도움을 주지만, 그 대신에 기독교 대안학교를 대안학교라는 범주의 틀 속에 집어넣는 결과를 초래할뿐더러 기독교 대안학교가 가지고 있는 본래적 의미를 많은 부분 간과하게 되기 때문에 그대로 받아들이기에는 무리가 있다. 우리는 기독교 대안학교를 세속 대안학교와 구별해서 사용해야 할 필요가 있다. 기독교 교육이 여타 교육적 대안 중의 하나라면 기독교 교육에 대한 또 다른 대안이 있을 수 있다는 말이 된다. 이는 기독교 교육의 본질을 잘 이해하지 못하는 데서 생긴 오해이다. 기독교 교육은 수많은 교육적 대안 중의 하나가 아니다. 참된 교육은 본질적으로 기독교 교육이다.

셋째로, 기독교 대안학교를 '기독교 대안 교육'이라는 독특한 교육을 하는 기관으로 보는 경우이다. 대안 교육은 있을지 몰라도 엄밀히 말하면 기독교 대안 교육이라는 것은 본래 없다. 여기에서 사용되는 '대안'이라는 말은 교육적 의미를 내포하고 있는 것이 아니라 단지 기독교 교육이 공교육의 문제를 해결하는 데 있어서 유일한 대안이 된다는 의미를 가질 뿐이다. 하지만 세속 대안 교육 진영에서는 '대안 교육'이 하나의 독특한 영역을 차지하고 있는 것으로 보고 있다. 그래서 혹자는 기독교 대안 교육이라는 용어 자체에 대해 강한 거부감을 표시하면서 아예 '기독교 교육' 내지는 '기독교 원안 교육'(강원대학교 차성도 교수는 기독교 대안 교육협의회 제2회 세미나 "기독교 대안 교육, 도전과 도약"(서울여대, 2002)에서 '기독교 대안 교육'이라는 용어에 문제점을 제기하면서 그 대신에 '기독교 원안 교육'이라는 용어를 써야 한다고 주장했다)이라는 말을 써야 한다고 주장하기도 한다.

기독교 대안학교는 기독교 학교(여기서 말하는 기독교 학교는 미션스쿨까지도 포괄하는 넓은 의미로서의 기독교 학교를 일컫는 것이 아니라 학교 설립과 이념, 그리고 학교에서 이루어지고 있는 모든 교육 활동이 성경의 원리에 기초한 학교를 의미한다)의 다른 명칭에 지나지 않는다. 기독교 대안학교에서의 교육은 기독교 교육이다. 기독교 교육이 우리나라 공교육의 참된 대안이다. 김선요(2001, p.19)는 기독교 대안 교육을 '성경의 원리에 기초한 교육 혹은 하나님 말씀의 원리로 돌아가고자 하는 교육으로 정의'하고 있다. 다시 말하면 기독교 대안 교육은 현대 세속 교육에서 발견할 수 있는 교육적 실천의 수정본이 아니라 삶의 뿌리에서부터 완전히 다른 교육을 의미한다. 일반 대안 교육이 교육의 표준을 사회와 인간에게서 찾는다면 기독교 대안 교육의 진정한 표준은 하나님의 마음과 의지가 계시된 성경에 있는 것이다. 이 교육은 철저하게 신앙과 학문이 통합되어 행해지는 일원론적 교육이라고 할 수 있다. 성경의 원리가 모든 교과의 표준이 되어야 하며 그 원리에 따라 교육이 행해져서 학생들로 하여금 하나님 중심의 삶을 살아갈 수 있도록 하는 것이 그 목표이다.

4. 우리나라 기독교 대안학교의 현황 및 성격

현재 우리 나라에 기독교적 이념으로 세워진 학교들은 매우 많다. 기독교대안학교연맹(기독교대안학교연맹〈상임대표 : 독수리기독학교 단혜향 교장〉은 기존의 기독교대안학교협의회〈대표간사 : 서울여대 김선요 교수〉에서 분가하여, 기독교 대안학교를 섬기는 일과 또 한편으로는 기독교 대안학교 설립을 도우며 우리 나라 기독교 대안학교 운동을 주도하기 위하여, 2005년 1월에 독수리기독학교, 꿈의학교, 두레자연고등학교, 지구촌 고등학교, 로고스기독학교, 한동국제학교, 동명고등학교 등 7개 학교가 발기하여 세워진 단체이다. 현재는 8개 학교가 회원 학교이며, 현재 기독교 대안학교 평가와 교사 교육, 각종 세미나와 포럼 개최 등의 일들을 하고 있다)에서 조사한 바에 의하면, 학원 복음화와 선교를 목적으로 세워진 미션 스쿨은 공교육 체제 속에서 모든 교육 활동이 이루어지고 있기 때문에 이들 학교는 제외하고 그 외 스스로 기독교 학교 또는 기독교 대안학교라고 부르기를 주저하지 않는 학교들은 거의 50여 개에 육박하고 있다.

〈기독교 대안학교 현황〉(2006. 7. 25현재)

1. 강아지똥자연학교(www.puppypoo.or.kr)

    충남 천안시 | 041-522-3411 | 유치원 | 2000

2. *공동체비전고등학교(www.vision.hs.kr)

    충남 서천군 | 041-953-6292 | 중등 | 2003

3. 광성드림초등학교(www.ksdream.net)

    경기 고양시 | 031-929-3385 | 초등 | 2006

4. 굼나제청소년학교(www.goomnaje.com)

    전북 전주시 | 063-211-1318 | 중고등 | 2004

5. 글로벌비전크리스천스쿨(www.gemgvcs.org)

    충북 음성군 | 043-872-0841 | 중고등 | 2003

6. 꿈의 학교(www.dreamschool.or.kr)

    충남 서산시 | 041-681-3411 | 중고등 | 1998

7. 늘푸른국제학교(www.egis.or.kr)

    충북 청원군 | 043-222-9119 | 중고등 | 2005

8. 다윗청소년리더스쿨(cafe.daum.net/dassmo)

    부산광역시 | 051-703-0191 | 중고등 | 2005

9. 독수리기독학교(www.eagleschool.com)

    경기 분당시 | 0502-456-1379 | 중고등 | 2002

10. *동명고등학교(www.kdm.hs.kr)

    광주광역시 | 062-943-2855 | 고등 | 1998

11. *두레자연고등학교(www.doorae.hs.kr)

경기 수원시 | 031-358-8776 | 고등 | 1999

12. *두레자연중학교(www.doorae.ms.kr)

경기 수원시 | 031-358-8773 | 중등 | 2004

13. 두레초등학교(www.dooraeschool.net)

경기 구리시 | 031-552-8298 | 초등 | 2005

14. 들꽃피는 학교(www.wahaha.or.kr)

경기 안산시 | 031-486-3836 | 초중고 | 1998

15. 로고스기독학교(www.logosca.com)

경기 고양시 | 031-904-0513 | 초중고 | 2000

16. 맑은샘솟는학교(www.eduspring.or.kr)

경기 이천시 | 031-634-4507 | 초등 | 2001

17. 멋쟁이/어린이학교(www.sarangbang.org)

경기 포천시 | 031-544-1615 | 초중고 | 2002

18. 미래지도자학교(www.visionaca.org)

서울 관악구 | 02-889-3133 | 초중등 | 1998

19. 사사학교(www.sasaleader.org)

대전광역시 | 042-634-4403 | 중고등 | 2005

20. 산돌학교(www.sundol.or.kr)

경기 남양주시 | 031-511-3295 | 중고등 | 2004

21. *산마을고등학교(www.sanmaeul.org)

인천 강화군 | 032-933-3491 | 고등 | 2000

22. 삼광국제크리스찬스쿨(www.bcsamkwang.org)

경기 부천시 | 032-321-6483 | 초등

23. 새이레기독교학교

   서울 송파구 | 02-412-6262 | 유치원 | 2005

24. 샘물초등학교(www.smcs.or.kr)

   경기 성남시 | 031-715-1092 | 초등 | 2006

25. 서울크리스천중고등학교(seoulchristianschool.or.kr)

   서울 강서구 | 02-2665-3745 | 중고등 | 2002

26. **성산효마을학교

   인천광역시 | 032-421-4526 | 중고등 | 2004

27. *세인고등학교(www.seine.hs.kr)

   전북 완주군 | 063-261-0076 | 고등 | 1999

28. 아힘나 평화학교(www.ahimna.net/school)

   경기 안성시 | 031-674-9130 | 중고등

29. 알파와오메가대안학교(www.ehomeschool.co.kr)

   경기 성남시 | 031-703-7083 | 초등 | 2005

30. 전인기독학교(www.junines.org)

   서울 송파구 | 02-2202-3766 | 초등 | 2004

31. *지구촌고등학교(www.glovillhigh.org)

   부산광역시 | 051-505-8656 | 고등 | 2002

32. 진솔대안학교(user.chollian.net/~jeansol)

   전북 진안군 | 063-432-6890 | 중고등 | 1999

33. **천안대안학교(www.school1388.com)

충남 천안시 | 041-578-1388 | 중고등 | 2004

34. 푸른꿈고등학교(www.purunkum.hs.kr)

전북 무주군 | 063-323-2058 | 고등 | 1999

35. *풀무농업고등기술학교(www.poolmoo.or.kr)

충남 홍성군 | 041-633-1419 | 고등 | 1958

36. 한결대안학교(www.hangyeol.or.kr)

전북 군산시 | 063-464-9662 | 고등 | 2005

37. 한국기독사관학교(www.ko-ca.org)

인천광역시 | 032-434-5050 | 중고등 | 2003

38. 한동국제학교(www.his.handong.edu)

경북 포항시 | 054-260-1733 | 중고등 | 2001

39. *한빛고등학교(www.hanbitschool.net)

전남 담양시 | 061-383-8340 | 고등 | 1998

40. 예뜨랑국제학교(www.yetrang.org)

전남 무안군 | 061-281-4052 | 초중등 | 2005

41. 등대국제학교(www.lcs.or.kr)

경기 고양시   031-971-2732 | 초중고 | 2006

42. 다니엘국제학교(www.dischool.net)

경기 고양시 | 031-974-0103 | 초중등 | 2006

43. 한국기독국제학교(www.iksancs.com)

경기 고양시 | 031-907-0594 | 중고등 | 2005

44. 하나인학교(www.hanain.net)

경기 고양시 | 031-922-1079 | 초중등 | 2006

45. 청주중고등성경학교(daum.net/cj1318school)

충북 청주시 | 043-263-9125 | 중고등 | 2004

(*인가 학교, **교육청 위탁형 학교, 나머지는 비인가 학교임)

    이들 학교들은 형태, 유형, 규모, 성격 등에 있어서 나름대로의 특수성을 가지고 있다. 하지만 앞에서 언급한 기독교 대안학교의 본질로 규정한 여섯 가지 조건들을 모두 포함하고 있는가 하는 것에 대해서는 여전히 회의적이며, 학교들의 스펙트럼이 다양하다. 기독교적 이념으로 세워졌다는 점만 동일할 뿐, 실제로 학교가 세워진 이념과 추구하는 교육의 목적도 다르고 각기 다른 교육 과정을 가지고 있으며 학습 대상자도 천차만별이다. 그러나 이 학교들을 설립 이념과 교육 목적, 그리고 교육 과정의 주요 특징, 어떤 학생들을 대상으로 하여 교육을 하고 있는가 하는 점 등을 고려하여 분류해 보면 우리 나라 기독교 대안학교들의 성격을 규명할 수가 있다.

    또한 세속 대안학교 진영에서 주로 많이 다루고 있는 분류 방식을 사용하여 유형론적으로 기독교 대안학교를 분류할 수도 있고 또 학교의 운영 방식과 프로그램 운영에 따라서, 그리고 학교의 성격에 따라서 분류할 수도 있다(이선숙, 2001, pp.14~18). 하지만 유형 분류는 세속 대안학교의 성격을 이해하는 데에는 도움이 될지 모르나 기독교 대안학교의 성격을 이해하는 데 적합하지 않을뿐더러 기독교 대안학교가 가지고 있는 특성들을 밝히 드러내는 데는 큰 도움이 되지 않는다.

먼저 공교육에 대해 어떤 반성을 하고 있느냐에 따라 우리 나라 기독교 대안학교는 크게 두 가지 형태로 나누어진다. 기독교 대안학교는 공교육이 안고 있는 문제점들을 강하게 비판하면서 그 대안으로 제시된 학교이다. 한 부류는 세속 대안학교에서 주장하는 대안성을 적극 수용하고 있는 기독교 대안학교(대안적 가치 지향 기독교 대안학교로 부르기로 함 : 최손환, 김병주(2001)는 대안 교육의 지향하는 가치로 '생명의 가치', '인간의 가치', '함께 살아가는 가치', '참 가치', '살아있는 지식의 가치' 이렇게 5가지를 들고 있다)들로서, 대체로 기독교적 이념에 기초한 가치 덕목, 즉 자유, 평화, 사랑, 인권, 공생, 생태 등과 같은 덕목들을 내면화하고 생활화 하는 것에 초점을 둔다. 그리고 다른 한 부류는 교육에 대한 기독교적 반성의 결과로 기독교 교육이 공교육의 진정한 대안이라는 인식 아래 모든 교육적 활동과 교육 내용을 성경의 원리에 기초하여 교육하고자 하는 기독교 대안학교(본질적 가치 지향 기독교 대안학교로 부르기로 함)들이다. 대표적인 학교들을 소개해 보면 다음과 같다.

〈대안학교의 유형〉

대안적 가치 지향 기독교 대안학교	본질적 가치 지향 기독교 대안학교
강아지똥자연학교, 두레자연중학교 두레자연고등학교, 맑은샘솟는학교 산돌학교, 산마을고등학교 아힘나 평화학교, 푸른꿈고등학교 진솔대안학교 등	광성드림초등학교, 꿈의 학교 동명고등학교, 독수리기독학교 로고스기독학교, 샘물초등학교 지구촌고등학교, 한동국제학교 등

그러나 우리 나라의 모든 기독교 대안학교들을 이 범주에 모두 포함시킬 수는 없다. 위의 두 가지 측면들을 다 가지고 있는 학교들도 있고 또 어느 영역으로 분류할지 애매한 학교들도 있기 때문이다. 그래서 좀 더 구체적으로 어떤 교육 이념으로 학교가 세워졌느냐에 따라 나누어 보면 기독교 대안학교의 성격이 좀 더 분명히 드러난다. 대체로 3가지 형태로 분류할 수 있는데, 첫째는 공교육에 적응하지 못한 학생이나 중도 탈락자들을 기독교적 이념을 교육하고자 세워진 학교이고 둘째는 기독 인재 양성을 목표로 세워진 학교, 셋째는 선교사 자녀들이나 탈북 청소년 등과 같은 학생들을 위해서 세워진 학교이다. 그러나 최근에는 중도 탈락자, 학교 부적응 학생들을 위해서 세워진 학교들이 점차로 기독 인재 양성을 위한 학교로 변모하는 경향이 나타나고 있고, 또 기독인재 양성이라는 교육 목표는 어떤 사람을 기독 인재로 볼 것이냐에 따라 다양하게 나타나고 있고, 탈북 청소년들과 같은 특별한 계층들을 위한 기독교 대안학교 설립에 대한 관심이 높아지고 있는 추세이다.

〈교육 목표에 따른 기독교 학교 실태〉

중도 탈락자, 학교 부적응 학생들을 위한 학교
꿈나래청소년학교, 두레자연고등학교, 들꽃피는 학교, 성산효마을 학교, 진솔대안학교, 천안대안학교, 세인고등학교, 동명고등학교 등
기독 인재(건강한 기독교인) **양성을 위한 학교**
광성드림초등학교, 글로벌비젼크리스천스쿨, 꿈의학교, 독수리기독학교

로고스기독학교, 두레초등학교, 멋쟁이/어린이학교, 사사학교, 삼광국제크리스천스쿨, 샘물초등학교, 서울크리스천중고등학교, 알파와오메가대안학교, 전인기독학교, 한국기독사관학교, 한빛고등학교 등

선교사 자녀들과 같은 특별한 학생들을 대상으로 세워진 학교

지구촌고등학교, 한동국제학교 등

그리고 이와는 달리 어떤 교육 과정을 가지고 있는가 하는 것에 따라서도 우리나라 기독교 대안학교의 성격이 분명히 나타난다. 교육 과정을 살펴보는 이유는 그 학교에서 어떤 교육이 실제로 이루어지고 있는지를 결정하기 때문이다. 교육 과정의 큰 틀에서 보면, 공교육의 교육 과정을 기본으로 하고 여기에 특성화 교과목을 두어 학교의 정체성을 세워나가는 기독교 대안학교(특성화 교육 과정 모델), 공교육의 교육 과정을 그대로 사용하되 이것을 기독교 세계관으로 재구성하여 교육 과정을 개발하고자 하는 학교(통합 교육 과정 모델), 아예 외국 기독교 학교에서 사용하고 있는 교육 과정을 차용하는 기독교 대안학교(서구식 교육 과정 모델), 각 학교의 교육 이념에 맞게 독자적인 교육 과정을 개발하여 사용하는 기독교 대안학교(독자적 교육 과정 모델)가 있다.

〈기독교 학교의 교육 과정 모델〉

특성화 교육 과정 모델

공동체비전고등학교, 동명고등학교, 두레자연고등학교, 두레자연중학교 산마을고등학교, 성산효마을학교, 전인기독학교, 천안대안학교, 세인고등

학교, 진솔대안학교, 푸른꿈고등학교, 한빛고등학교, 한국기독사관학교
서울크리스천중고등학교, 광성드림초등학교, 풀무농업고등기술학교 등

통합 교육 과정 모델

꿈의학교, 독수리기독학교, 로고스기독학교, 샘물초등학교,
지구촌고등학교, 한동국제학교 등

서구식 교육 과정 모델

글로벌비전크리스천스쿨, 늘푸른국제학교, 삼광국제크리스천스쿨
알파와오메가대안학교, 예뜨랑국제학교 등

독자적 교육 과정 모델

강아지똥자연학교, 굼나제청소년학교, 미래지도자학교, 다윗청소년리더스쿨,
맑은샘솟는학교, 사사학교, 산돌학교, 세이레기독학교, 아힘나평화학교

위의 〈교육 과정 모델〉을 통하여 우리는 다음과 같은 특성들을 알 수 있다. 우리나라에 특별히 특성화 교육 과정 모델을 채택하고 있는 학교가 많은 이유는 '학력 인정'과 '대학 입시' 문제로 인해 여전히 공교육의 영향력이 기독교 대안학교 안에 행사되고 있는 것으로 분석된다. 여기에 비해 통합 교육 과정 모델이 상대적으로 적은 이유는 이 교육 과정을 학교 현장에 적용해야 한다는 필요성은 인정하지만 이 교육 과정을 사용하기에는 학교 외적으로나 내적으로 너무나 준비가 되어 있지 않기 때문이다. 따라서 우리 나라의 역사적 경험과 사회 문화적 배경을 고려한 기독교 교육 과정 개발이 시급히 요구되고 있다. 하지만 다른 한 편에서는 '잘 훈련된 기독 교사가 가장 훌륭한

교육 과정'이라는 인식 아래 각 단위 학교별로 교사 교육을 해야 한다는 필요성이 증대되고 있다. 그리고 서구식 교육 과정 모델을 사용하는 학교들은 미국 유학을 목적으로 미국 크리스천스쿨의 교육 과정을 그대로 사용(글로벌비전크리스천스쿨은 미국 ACSI 교육 과정, 삼광국제크리스천스쿨은 밥 존스 교과서를, 알파와오메가대안학교는 알파와오메가 교과서를 그대로 사용함)하는 것은 물론 아예 영어로 수업을 하고 있다. 독자적 교육 과정 모델은 학교의 설립 이념에 부합하게 독자적으로 디자인한 것인데, 기독교 교육학적 검증을 거쳐야 할 필요가 있다고 생각한다.

5. 우리 나라에서의 기독교 학교 설립 문제

현행법상으로 우리 나라에서 성경에 기초한 교육을 실시할 수 있는 학교를 설립할 수 있는 방법은 거의 없다. 과거 미션스쿨들이 세워진 것처럼 학교 법인을 먼저 설립한 후 학교 설립 인가를 받아 기독교 학교를 설립할 수는 있다. 그러나 이렇게 세워진 거의 대부분의 학교는 국가의 통제와 간섭을 받을 수밖에 없기 때문에 실질적으로 여기에서 제대로 된 기독교 교육을 실시한다는 것은 거의 불가능하다. 수원에 있는 중앙기독초등학교와 같은 유일한 예외가 있기는 하다.

굳이 또 다른 학교 설립 방법을 든다면 특성화 학교법에 의한 기독교 학교의 설립이다. 이 법안은 1996년 말 학교 중도 탈락자 종합 대책의 하나로 학교 부적응 학생을 위한 교육을 실시하겠다는 취지에서 교육부가 초·중등교육법에 특성화 고등학교라는 새로운 유형의 학교 설립을 가능하게 한 법안이다. 거기에 근거하여 1998년에 6개의 대안학교가 당국의 인가를 받아 문을 열었다. 이 중에 기독교적 이념으로 세워진 대안학교는 두레자연고등학교, 한빛고등학교, 세인고등학교, 동명고등학교 등이 있다. 그러나 이와 같은 특성화 고등학교는 교육 수요자 중심의 자율 학교, 학생의 개성과 소질을 중시하는 교육, 점차로 개인주의화 되어가는 사회 현실 속에서의 공동체적 삶, 자연 친화적인 삶 등의 교육적 가치들을 지향하고 있기 때문에 기독교 학교 설립의 본질적인 동인이 되는 기독교 교육학적 반성의 산물이 아니다. 그래서 여전히 특성화 학교라는 틀에서는 기독교 교육을 담기에 충분하지 않다.

하지만 이제는 공교육에 대한 대안으로서의 학교 운동이 걷잡을 수 없이 확산되어 보다 전향적이고 자유로운 학교의 설립 가능성이 열리게 되었다. 이미 최근 10년 동안 저마다의 독특한 교육철학과 이념으로 교육하고자 세워진 학교는 현재 100여 개가 넘고 있다(대안교육연대 홈페이지(http://www.psae.or.kr)에 등록된 대안학교의 수가 2005년 7월 1일 현재 99개에 달하고 있다. 여기에 등록되어 있지 않은 기독교 대안학교를 포함하면 2005년 7월 현재 우리나라의 대안학교 수는 100여 개가 훨씬 넘는 것으로 추정할 수 있다). 이는 그만큼 우리 나라의 공교육이 많은 문제점을 안고 있다는 증거가 되기도 하고 또 다른 한편에서는 교육 주체들의 교육적 욕구와 변화하는 현대 사회에 부합하는 새로운 교육 운동의 등장을 의미하기도 한다.

그래서 정부는 이와 같은 현상을 제도적으로 인정하지 않을 수 없는 지경에까지 이르게 된 것이다. 2005년 3월 2일 국회에서 개정된 초등교육법 60조 3항이 바로 그것이다. 이 개정된 법에 의해서 충분하지는 않지만 그나마 어느 정도 기독교 세계관에 입각한 교육을 실시하는 여지가 마련된 것이다. 개정된 조항의 내용은 다음과 같다.

제60조의 3 (대안학교)
① 학업을 중단하거나 개인적 특성에 맞는 교육을 받고자 하는 학생을 대상으로 현장 실습 등 체험 위주의 교육, 인성 위주의 교육 또는 개인의 소질·적성 개발 위주의 교육 등 다양한 교육을 실시하는 학교로서 제60조 제1항에 해당하는 학교(이하 '대안학교'라 한다)에 대하여는 제21조 제1항, 제23조 제2항·제3항, 제24조 내지 제26조, 제29조 및 제30조의 4 내지 제30조의 7의 규정을 적용하지 아니한다.

※참고로 21조 제1항은 교원의 자격, 제23조 제2항·제3항은 교육 과정, 제24조는 수업, 제26조는 학년제, 제29조는 고과용 도서의 사용에 관한 내용임.

② 대안학교는 초등학교·중학교·고등학교의 과정을 통합하여 운영할 수 있다
③ 대안학교의 설립 기준, 교육 과정, 수업 연한, 학력 인정 그밖에 설립·운영에 관하여 필요한 사항은 대통령령으로 정한다.

위의 내용을 곱씹어 보면 이는 우리 학교 교육에 새로운 바람을 일으킬 수 있기에 충분하다. 첫째, 종전에는 학업을 중단하거나 개인 특성에 맞는 교육을 받고자 하는 학생들의 수요를 충족시킬 수 있는 형태의 교육 기관에 관한 설립 근거가 마련되어 있지 않아 다양한 교

육 내용을 제공하는 데 어려움이 있었지만, 이제는 이를 개선할 수 있게 될 것이다. 둘째, 학업을 중단하거나 개인 특성에 맞는 교육을 받고자 하는 학생들에게 체험 학습 등 다양한 교육 내용을 제공하기 위하여 각종 학교 형태의 대안학교를 설립할 수 있는 근거가 되고, 교육 과정·수업 및 학년제 등에 관하여 자율성이 부여되었다. 셋째, 대안학교를 설립할 수 있는 근거를 마련하고, 대안학교의 교육 과정 등에 있어서 자율성이 주어져서 대안 교육을 받고자 하는 학생들에게 다양한 교육 내용을 제공할 수 있게 되었다.

기존의 특성화 학교 설립법이 마련되어 있는데도 불구하고 보다 전향적으로 다양한 가치들을 교육할 수 있는 장을 마련할 수 있도록 열어놓은 것은 물론 교육 과정을 자율적으로 운영할 수 있도록 해주며 심지어 학제를 개편하여 운영하는 것에도 자율성을 부여하겠다는 취지는 획기적인 조치임에 틀림없다. 이러한 조치는 분명히 현재 비인가로 운영되고 있는 기독교 대안학교들을 제도권 안으로 끌어들여 국가의 통제 안에 놓겠다는 취지에서 만들어진 것은 아닌 것이 분명하다. 그리고 이 법안을 통하여 무분별하게 난립해 있는 많은 대안학교들을 정리하고 제단하려는 의도도 아닌 것 같다. 오히려 공교육 체제에서 나타나고 있는 많은 문제들을 다양한 교육을 가능하게 하는 제도화된 교육기관을 통하여 보완하고 해소하겠다는 제도적 인정 및 장치로 보는 것이 옳다.

그 다음으로 살펴볼 내용은 대안학교에 대한 규정 부분이다. 개정안에 의하면 위에서 보는 바와 같이 대안학교를 학교 부적응 학생과 중도 탈락자 그리고 개인적 특성에 맞는 교육을 받고자 하는 학생들을 위한 교육을 하는 학교로서 또 이 학생들을 대상으로 다양한 교육을 실시하는 학교로 쉽게 이해할 수 있다. 종래에 대안학교는 학교 부적응 학생들이 가는 학교로 인식되었는데, 이제는 말하자면 자신의 특성과 소질, 그리고 공교육에서는 충분히 경험할 수 없는 다양한 가치들을 교육받을 수 있는 학교로 인식이 전환되고 있다는 것도 주목할 만하다. 물론 다양한 가치들을 교육한다는 말에는 많은 의미들이 내포되어 있지만 단적으로 생각해도 학습자들의 교육적 요구들을 적극 반영하겠다는 것이다. 그러므로 기독교적 가치와 신앙 교육, 기독교 세계관 교육도 가능하며 이를 요구하는 학생과 학부모의 교육적 요구를 반영할 수 있을 것이다.

그리고 대안학교로 규정하는 주요한 요소가 되는 교육 과정과 학제, 설립 요건, 학교 규모 등에 대해서도 기존의 학력 인정 학교들과 같은 규정에 적용하지 않는다는 조항은 분명 기존 공교육 제도 하에 있는 학교와 차별화 되는 학교의 등장을 예고하고 있다. 이는 대안학교의 학력을 인정하는 기준으로 작용할 것이고 다른 한편으로는 대안학교를 규제할 수 있는 장치가 될 수도 있다. 어떤 학교를 대안학교로 규정하느냐 하는 문제가 이번 대안학교법의 출발점이자 핵심이 되기 때문에 보다 세심한 논의를 필요로 한다.

1) 대안 교육법과 교육 과정의 문제

교육 과정 문제는 이번에 개정된 대안학교법 내용의 핵심이라고 해도 과언이 아니다. 대안 교육의 의미 규정이 곧 어떤 학교를 대안학교로 볼 것인가 하는 대안학교 정체성에 대한 기초가 된다고 하면, 대안학교의 교육 과정에 대한 논의는 대안학교가 실제로 대안 교육을 하고 있는가 하는 것을 가늠하는 척도가 될 수 있다. 또한 국가가 대안학교의 학력을 인정한다고 할 때 각 대안학교의 교육 과정은 학력 인정의 여부를 판단할 수 있는 도구로 활용될 수 있을 것이다.

넓은 의미에서 보면 교육 과정은 학교에서 행해지는 모든 교육 활동으로, 학교가 추구하고 있는 교육 목적과 이념에 도달하기 위해 행해지는 과정과 그 내용 전체를 일컫는다. 따라서 교육 과정은 교육철학, 추구하는 인간상, 교육 과정의 목표, 교육 내용, 교육 방법, 교육 평가 등의 굵직한 내용들을 포함하고 있는 것이다. 그런데 이번에 개정된 대안학교 관련법에는 이와 같은 교육 과정의 내용 부분에 해당하는 교과서를 선택하는 일과 수업에 관한 사항, 그리고 교육 과정을 운영하고 심지어 학제까지도 자율적으로 운영할 수 있다는 것을 포함시켰다.

현 공교육 체제 아래의 학교는 국가적 차원에서 만들어진 교육 과정을 공통으로 사용하고 있다. 그러나 대안학교의 경우 다양한 교육 이념과 철학을 바탕으로 세웠을 뿐만 아니라 그 목표에 도달하기 위해서 교육하는 가치와 내용, 교육 방법도 각양각색이기 때문에 엄밀히 말하면 대안학교의 교육 과정 또한 천차만별이다. 학교가 가지고 있는 교육 과정을 보면 그 학교에서 어떤 교육이 이루어지는지를 금방 알 수 있을 뿐더러 학교의 고유한 색깔과 교육 이념을 알 수 있다.

실제로 각 학교가 사용하는 교육 과정을 보면, '간디학교'는 '간디 교육 과정'을, 김희동의 '꽃피는학교'의 경우는 '얼몬새 통전교육 과정'을, 어떤 학교는 '발도로프 교육 과정', '꿈의학교'는 '드림 교육 과정'을, '독수리기독학교'는 '독수리 교육 과정'을 통하여 교육이 이루어지고 있는 것이다.

한 학교가 교육 과정을 만들고 운영하는 것을 간단하게 생각해서는 안 된다. 앞에서도 잠시 언급했지만 교육 과정을 구성하는 여러 교육 철학적 요소에 대한 이해뿐만 아니라 학습 방법론, 학습 경험, 교육 내용 등을 포함시켜 교육의 계속성과 계열성까지도 고려해야 하기 때문에 사실상 굉장히 복잡하다. 그래서 기독교 대안학교의 경우, 우리나라 현실에 맞는 기독교 교육 과정이 없어 외국의 기독교 학교에서 사용하는 교육 과정을 한국 상황에 맞게 변형하여 사용하기도 한다.

그런데 문제는 정부가 대안학교의 학력을 인정하고 일정 부분 재정적 지원을 해 준다고 할 때 어떤 교육 과정을 사용하는 학교를 인정하겠다는 것인지에 있다. 모든 교육 과정을 인정할 수는 없지 않겠는가? 그러면 대안 교육 과정을 어떻게 평가할 것인가 하는 것에 대해 깊이 있게 논의해야 하는데 여기서는 문제 제기 정도에서 멈추고, 다시 돌아가서 정부에서 인정해 주는 대안 교육 과정의 가이드라인 정도는 기본적으로 있어야 할 것 같다. 참고로 학력 인정 특성화 고등학교는 국가적 차원에서 통용되고 있는 교육 과정에 학교가 추구하는 교육 이념을 충분히 반영할 수 있는 특성화 교과목을 일정 부분 추가해서 운영하고 있다.

그러면 일반 대안학교 진영에서 사용하고 있는 체계화된 대안 교육 과정은 과연 있는가? 대안학교에 무슨 정형화된 교육 과정이 필요하겠는가 하는 반문도 할 수 있겠지만 명시적 교육 과정은 차치하고라도 잠재적 교육 과정은 존재하기 마련이기에 대안교육 과정에 대한 연구와 개발은 앞으로 반드시 해결해야 할 과제라고 할 수 있다.

우리의 관심은 기독교 대안학교의 경우이다. 기독교 대안학교의 경우는 일반 대안학교와 사정이 좀 다르다. 기독교적으로 가르치는 것이 기독교 대안학교 교육 과정의 본질이기 때문에 교육 과정 선택의 폭이 그리 넓지 않다. 물론 기독교 이념을 바탕으로 하여 대안적 가치들을 교육하는 다양한 형태의 기독교 대안학교도 있다.

그러나 기독교 교육이 대안이라는 관점에서 보면 기독교 학교에서의 교육 과정 논의의 초점은 사실상 통합 교육 과정에 있다. 통합 교육 과정이라 함은 학문과 신앙의 통합을 꾀하는 동시에 모든 진리는 하나님의 것이라는 대전제 하에 창조 세계를 교육 과정의 내용으로 보고, 각 교과목은 창조 세계의 반영이기 때문에 각 교과목 간의 통합을 추구하는 교육 과정이다. 이와 같은 철학에 바탕을 둔 교육 과정을 한국적 상황에 맞게 새롭게 디자인하는 것이 다름 아닌 우리나라 기독교 대안학교의 궁극적 과제이다. 그런데 아직까지 우리 나라에는 통합 교육 과정을 추구하는 교과서가 없다. 그래서 많은 대안학교들은 미국이나 캐나다 등의 기독교 학교에서 사용하는 교과서를 그대로 사용하는 경우가 많다. 예를 들면 알타비스타 교육 과정, 알파와 오메가, 아베카, 밥 존스 교재, SOT(School of Tomorrow) 등의 교재가 대표적이다. 그러면 이런 교육 과정을 사용하는 기독교 대안학교에 대해 국가는 어떤 결정을 내릴 수 있는가 하는 것에 주목할 필요가 있다.

이와 같은 상황을 고려한다면 우리가 예상하건대 정부가 교육 과정 문제에 있어 취할 수 있는 대안은 국가적 차원에서 요구하는 교육 과정의 일부분을 수용하도록 하되 각 단위 학교가 추구하는 대안적 가치와 교육 이념 내지는 철학이 반영된 교육 과정을 스스로 선택할 수 있도록 길을 많이 열어 놓고 선택한 교육 과정을 공공성의 차원에서 평가하며, 학교 현장에서 실제로 운영되고 있는가 하는 점을 감독하는 방향으로 나갈 공산이 크다. 그러면 결국 이 교육 과정 평가가 대안 학교의 교육적 자율성을 침해하고 대안 교육 이념을 통제하는 장치가 될 수 있을 것이다. 하지만 대안학교의 무분별한 교육 과정 운영을 제도적으로 막을 수 있는 긍정적 역할도 할 것이다.

2) 교사 자격과 양성의 문제

가장 잘 훈련된 교사가 가장 좋은 교육 과정이라는 말이 있다. 그리고 교사의 질이 학교 교육의 질을 담보하고 학교의 정체성을 결정한다고 해도 과언이 아니다. 교사가 없는 학교는 있을 수 없다. 그만큼 교육에 있어서 교사의 역할은 거의 지배적이라 할 수 있다. 특히 대안학교의 교사는 한 사람이 하나의 교육 과정이고 교사의 의식과 삶 자체가 교육 내용이다. 그렇기 때문에 대안학교의 정체성은 교사들에 의해 규정되고 교사들의 교육관이 대안학교 교육의 방향을 결정한다고 볼 수 있다. 이와 같은 의미에서 볼 때 교육 과정과 교사는 대안학교를 지탱하는 동일한 터전이라고 말할 수 있겠다.

따라서 대안학교 교사들은 어떠해야 하느냐 하는 논의는 교육 과정에 대한 논의 만큼이나 중요하다. 대안학교는 동일한 세계관과 교육관 그리고 가치관을 가지고 있는 교사들의 공동체라고 할 수 있다. 교육 문제를 동일한 시각에서 바라보고 문제의식을 공유하며 동일한 교육적 대안을 제시하는 사람들의 모임이 바로 대안학교이다. 이런 의미에서 대안학교의 교사는 공교육 교사와는 구별된다. 좀 섣부른 주장이 될지 모르지만 국가적 차원에서 인정해 주는 교사 자격증보다 대안학교 공동체에서 인정해 주는 자격증이 더 중요하다는 말이다.

개정된 대안학교법에서 대안학교의 교사는 기존 공교육 교사의 자격을 규정하는 조항에 적용되지 아니한다는 말을 이와 같은 맥락에서 이해해야 한다. 국가적 차원에서 주어진 절차를 통하여 교육받고 훈련되어진 사람에게 주어진 교사 자격증보다도 대안학교 공동체에서의 교육과 훈련이 훨씬 더 중요하다는 의미로 받아들여야 한다. 그렇다고 교사 자격증이 필요 없다는 것을 의미하는 것은 아니다. 실제로 대안학교 현장을 둘러보면 각 학교마다 가장 중요하게 여기는 것이 교사 교육과 훈련 과정이다.

하지만 우리가 간과해서는 안 될 것이 있다. 대안학교 교사는 대안학교에서 꼭 필요로 하는 자질만 갖추었다고 되는 것이 아니라는 사실이다. 일반적으로 교사가 지녀야 할 자격 요건이 있다. 그것을 우리는 공교육 체제에서 부여하는 교사 자격증으로 부를 수 있겠다. 이

것이 중요한 이유는 무허가 신학교를 불법으로 만들어 거기에서 배출한 목사로 하여금 교회를 마구잡이로 세워 신도들을 미혹케 하는 경우처럼 저마다 대안학교를 만들어 자격 미달의 교사들을 통하여 아이들을 가르치게 되면 무허가(?) 대안학교의 난립을 가져 올 수 있기 때문이다. 더구나 이번 대안학교법 개정의 주요 골자가 제도권 안에서 대안학교의 학력을 인정하겠다는 것인데, 교사의 보편적 자질을 가볍게 여겨서는 안 된다는 의미가 있다.

위에서 논의한 내용은 기독교 대안학교에서도 마찬가지로 적용된다. 기독교 대안학교의 비전을 유지하는 중요한 요소 중 하나가 교사이기 때문에 오히려 일반 대안학교보다 기독교 대안학교에서 요구하는 교사의 자질은 훨씬 더 엄격하다. 기독교 학교에서는 앞에서 제시한 것들에 더하여 동일한 신앙 고백을 바탕으로 하는 영성을 갖출 것을 요구하기 때문에 그러하다. 기독교 학교의 진정한 정체성은 교사의 학교관과 교육관이 얼마나 성경적이며 얼마나 하나님 중심적인가에 달려 있다. 기독교 학교는 진정한 의미의 기독교 교사가 세워지지 않으면 불가능한 것이다. 진정한 기독교 교사는 인격적으로 예수님을 개인의 구세주로 영접하고 학문적으로 성경의 진리와 학문의 정보를 통합할 수 있는 실력을 갖추어야 하며, 지속적으로 기독교적인 교수 학습 형태들이 무엇인지를 배우고 실천하는 교사들이어야 한다(김요셉, 2005, p.8).

그러면 논의의 초점을 대안학교 교사 양성과 교사 교육으로 모아 보자. 국가적 차원에서 요구하는 교사의 자격을 무시하기보다는 오히려 이를 적극적으로 받아들이는 것이 필요하다. 대안학교 교사는 국가적 수준의 교사 자격증을 꼭 따야만 된다는 것이 아니라 교사로서 꼭 갖추어야 할 교과목을 이수하는 수준으로 완화하고 그 대신에 대안학교에서 요구하는 특수한 자질을 갖출 수 있도록 해주는 일종의 대안학교 교사 양성기관(이것도 공적으로 인정된 기관이어야 함)을 거칠 수 있도록 하는 것은 어떨까 생각해 본다.

또 다른 방법으로는 2006년 7월 25일부터 서울시 교육청 특수분야 연수기관으로 지정받아 공교육 교사들과 대안 교육 교사들이 함께 실시하는 '대안 교육 직무 연수'를 대표적인 경우로 들 수 있다. 이같은 종류의 연수 프로그램으로는 '기독교학교연구회'와 '아세아연합신학대학교 드림교사연수원'이 공동 주관으로 서울 서대문 ACTS에서 기독교 학교 교사들과 공교육의 기독 교사들을 대상으로 3기에 걸쳐서 실시한 '인성 및 교과 통합 교육을 위한 드림 교사 연수'도 있다(1기 (2001년)의 주제는 '기독교 교육개론', 2기(2002년)는 '성경적 통합 교육 과정', 3기(2003년)는 '성경적 교육 과정 평가'였다.). 또한 기독교대안교육협의회에서 주관하는 겨울 세미나, 컨퍼런스도 있고 대안교육연대에서 실시하는 크고 작은 각종 세미나와 심포지엄도 대안학교 교사들을 위한 교사 교육의 중요한 프로그램이라 할 수 있다. 이와 같은 다양한 교사 교육 프로그램을 이수한 사람에게 학점을 부여하고 이들을 대안학교 교사 인력풀로 사용하는 것은 매우 바람직하다.

3) 대안학교 심의에 관한 논의

대안학교법과 관련하여 마지막으로 남은 주요한 논제는 대안학교 심의에 관한 부분이다. 이 주제는 비록 초·중등교육법의 개정된 내용에 포함되어 있지 않지만 대안 교육 이해 당사자에게는 대단히 민감한 사안이다. 누가 대안학교를 대안학교로 인정할 것인가 하는 인증의 문제와 관련되어 있기도 하고 또 시행령이 공포되어 그 효력이 나타날 때쯤이면 분명히 많은 대안학교들이 등장할텐데 이들 학교들을 어떻게 볼 것인가 하는 문제와 직접 관련을 맺고 있다.

대안학교 심의 기구 설치에 대해서는 대안교육연대에서 이미 제기한 사안이다. 정부에서 대안학교의 학력을 인정해 주고 얼마간의 재정적 지원이 가능하다고 보면 다양한 스펙트럼을 가진 대안학교들을 어떤 형태로든지 심의하야 할 것인데, 그 기구가 상시적으로 운영되어야 하는 것은 당연하다. 이 기구가 학교가 추구하고 있는 이념과 철학, 그리고 교육적 가치의 공공성 여부를 심의하고 학교의 교육 과정 등을 평가하는 역할을 한다면 대안학교 인증 문제에 관하여서는 제도적으로는 모양새를 갖출 수 있다. 따라서 대안학교 심의 기구의 구성과 권한, 그리고 역할 등에 대해 사회적 합의를 이룰 수 있는 방향으로 모색되어야 한다. 이와 관련하여 꽃피는학교의 김희동 교장의 말은 굉장히 설득력이 있다.

"먼저 그 모임이 사회적으로 공적인 가치를 가지고 역할을 수행하는지에 대해 검토를 하는 것이 필요하다. 이 검토의 주체는 정부와 민간의 합의로 구성된 '민교육 심의위원회' 같은 것이면 된다고 보고 그 심의위원으로는 정부의 해당 부서 담당자와 관련 전문가, 시민단체 또는 관심 있는 이들을 대표하는 사람들로 구성하는 것이 좋을 것이다."

기독교 대안학교들도 아마 대안학교를 심의하는 기구가 존재해야 한다는 것에는 김희동 교장과 같은 입장을 취할 것으로 생각한다. 다만 심의 기구는 구성원들이 세계관적으로 편협되지 않고 다양한 대안학교들의 입장들을 대변할 수 있는 여러 대안학교 단체들이 포함될 수 있는 방향으로 구성하는 것이 옳다고 본다.

참고 자료

교육부(1998). 한국교육 50년사, 1948~1998.
교육인적자원부(2003. 6). 「대안교육 확대, 내실화 주친계획안」.
김명수, 김홍태(1998). "대안 교육 운동 탐색에 관한 연구", 한국교원대학교 교수논총 제14권 제1호.
김병길, 황긍섭(2001). "대안 교육에 있어서 대안의 범주화". 교육철학 제19집.
김선요(2000). 「기독교 대안 교육과 홈스쿨 운동 : 어제 오늘 그리고 내일」, 기독교교육협의회 1회 세미나 자료집, 서울.
"기독교 대안교육, 도전과 도약", 기독교대안교육협의회 2회 세미나자료집(2002), 서울.
김요섭(2005). "기독교 학교의 정체성에 근거한 교육함의 의미", 한국기독교교육정보학회 2005년도 춘계학술대회 자료집, 서울.
김희자(1998). 「기독교 학교의 본질과 목적. 기독교학교, 왜 필요한가」, 총신대학교 기독교교육연구소 편. 서울 : 새한기획출판부.
대안교육연대(2004). "초중등교육법 개정안을 생각한다", 워크샵 자료, 서울.
대안교육연대(2005). "대안교육 10년의 성과와 과제", 대안교육 심포지엄 자료집, 서울.
박상진(2005). "기독교 학교의 정체성," 교회교육(2005. 9) 장로회신학대학교.

반다이크(2003). "성경적 교육과정 개발 : 미국의 역사적 경험, 기독교 학교와 홈스쿨링", 기독교대안교육협의회 연구총서1, 서울.

윤화석(2006). 공교육-대안 교육-기독교 교육. 기독교 교육학의 현장과 전망. 백석대학교 : 하교

이선숙(2001). "우리 나라 대안학교의 성격과 발전 방향에 관한 연구", 박사학위 논문 대구가톨릭대학교 대학원 대구.

이수광(2005). "교육부의 입법 취지와 제도화에 대한 기대", 대안교육연대 심포지움-"대안학교의 제도화, 어떻게 봐야할까?" 자료집, 서울.

"미래 사회 교육개혁의 방향 모색 : 대안교육의 가능성과 한계." 한국교육연구소(1998), Vol.5, No.1.

조용태, 이선숙(2000). "우리나라 대안학교의 이념과 역사", 교육학논총, 제21권 제1호.

최손환, 김병주(2001). "대안 교육의 등장과 의미", 한국지방교육경영학회 제6권 제1호.

한국기독교교육정보학회(2005). "디지털 시대의 기독교 학교 및 홈스쿨링교육", 춘계학술대회 자료집, 양평.

기독교학교연구회(1999). 「우리가 꿈꾸는 기독교학교」, 서울 : 예영.

기학연교육연구모임(역) (1996). 「교실에서 하나님과 동행하십니까」, Brummelen. H. V 의 *Walking with God in the Classroom*. 서울 : I.V.P.

이승구(역) (1995) 「현대 기독교 교육」, Harper. N. E의 *Making Disciple*, 서울 : 엠마오.

기독교학문연구회 교육학분과(역) (2004). 「기독교 교육의 기초」, Edlin. R. J의 *The Cause of Education*, 서울 : 그리심.

부록 1~4의 실례들은 교과목의 범위와 순서, 그리고 커리큘럼 안내서를 만들 때 도움을 주기 위해 제공되었으며, 그 실례들은 단순히 어떻게 이 자료들이 조절될 수 있는가를 보여주기 위한 것이다.

부록 5~9는 성경적 통합의 원리에 대한 기본적인 개론을 제공한다. 보다 깊이 있는 성경적 통합에 대해 알고 싶다면 다음의 책들로 공부할 수 있다.

ACSI. *Raising Up the Foundations : Resources for Developing a Biblically Integrated School Curriculum.*

Mark Eckel. *Biblical Integration: Understanding the World Through the Word.*

Lenawee Christian Schoo의 교육 과정을 참고함.

11 Wolf Creek Hwy, Adrian, MI 49221

Phone: 517-263-7019, e-mail: meckel@edcen.ehhs.cmich.edu

부록1. 생명과학 1~8

범위와 순서

생명 과학 / 학년 수준	1	2	3	4	5	6	7	8
살아있는 것들에 대한 분류					5		7	8
1. 녹색 식물	1		3				7	
1) 화초								
(1) 기관				4		6		
(2) 가르받이				4		6		
2) 나무								
(1) 활엽수				4		6	7	
(2) 침엽수				4		6	7	
(3) 야자과의 식물				4		6		
2. 비녹색 식물			3			6	7	
3. 식물의 성장								
1) 광합성			3	4		6		
2) 번식								
(1) 씨	1		3	4		6	7	
a. 기관				4			7	
b. 번식의 방법				4				
c. 발아				4			7	
(2) 포자			3			6	7	

생명 과학 학년 수준	1	2	3	4	5	6	7	8
4. 식물의 이용								
1) 음식			3	4			7	
2) 공기			3	4			7	
3) 토양			3	4			7	
4) 보호				4			7	
5) 아름다움				4				
동물								
1. 무척추 동물								
1) 절지동물								
(1) 곤충류	1	2	3		5			8
(2) 거미류		2	3		5			8
(3) 갑각류					5			
(4) 다족류					5			
2) 벌레			3					
(1) 지렁이			3		5			8
(2) 기생충					5			8
3) 연체동물			3		5			8
(1) 단각연체동물					5			
(2) 쌍각류의 조개					5			
(3) 두족류					5			
4) 해양 무척추동물		2	3	4	5			8

생명 과학	학년 수준	1	2	3	4	5	6	7	8
5) 단세포동물									
(1) 아메바						5		7	8
(2) 짚신벌레						5		7	8

부록2. 언어 부분 1~8

범위와 순서

I = 소개   M = 유지

개념	교수학습 수준	K	1	2	3	4	5	6	7	8
문자적 이해										
1. 지시문 따르기										
1) 일단계 또는 다단계 지시문을 듣고, 읽고, 따르기		I	-	-	-	M				
2) 방향지시적인 핵심 단어 인지하기		I	–	–	–	–	M			
3) 핵심단어 결정하기		I	–	–	–	–	M			
2. 중요한 세부사항 알아차리기										
1) 듣기 또는 읽기를 통하여 선택하기			I	-	M					
2) 중요한 세부사항 구별하기				I	-	-	M			
3) 중요한 세부사항 기억하기				I	-	-	M			
4) 구체적인 세부사항을 위해서 문단을 살피는 것 배우기				I	-	-	-	-	-	
5) 개요 또는 요약에 포함되어져야 할 세부사항 결정하기						I	-	-	-	-
3. 적합한 순서 알아차리기										
1) 순서 알아차리고 질문에 답하기		I	-	-	-	-	M			
2) 도움을 주는 실마리 단어 이용하기			I	-	-	-	M			

개념 / 교수학습 수준	K	1	2	3	4	5	6	7	8
3) 시간 변등과 시간 관계 인지하기					I	-	-	-	-
4. 분류하기									
1) 범주를 추가할 수 있기	I	-	-	M					
2) 범주가 주어졌을 때 배치하기	I	-	-	M					
3) 주어진 단어를 범주에 맞게 배치하기	I	-	-	M					
5. 문단의 논제와 중심 생각									
1) 짧은 문단에서 논제 고르기		I	-	M					
2) 짧은 문단에서 중심 문장 고르기			I	-	M				
3) 논제의 의미 이해하기			I	-	M				
4) 중심 생각의 의미 이해하기				I	-	M			
5) 진술되지 않은 상태에서 중심 생각 문장 확인하기				I	-	M			
6) 진술되지 않은 상태에서 중심 생각 문장 발전시키기				I	-	M			
7) 큰 문단에서 설명하는 세부사항 확인하기				I	-	M			

부록 3. 수학 학습을 위한 과정 – 5학년

    수학 학습 교과 과정에 대한 설명 : 수학 과목에서 학생들은 하나님이 창조한 질서와 진리를 알게 될 것이다. 성경은 "경계에 경계를 더하며, 교훈에 교훈을 더하되…"(이사야 28:10) 라고 말하고 있다. 수학을 배우는 학생들은 수학 교과에서 개념 위에 개념을 형성해야 한다. 수학적 개념을 능숙하게 처리하는 것이 일차적 목표이다. 숫자의 개념과 자리 값(place value)에 대한 재검토와 확장 작업을 하면서, 학생들은 추가적으로 뺄셈, 곱셈, 분수와 혼합된 숫자의 나눗셈에 대한 그들의 기술을 연습하고 확장시킨다. 그래프와 측정에 관한 단원도 포함된다. 모든 과정은 기하학, 비율, 백분율, 확률과 부피 측정에 대한 교육으로 끝난다.

단원/주	첫째	1단원 : 1~2주
단원과 목표	학기	**숫자와 연산** 교환적 특성의 이해 연합적 특성의 이해 덧셈, 뺄셈, 곱셈, 나눗셈 연산의 이해 변수가 한 숫자를 나타낼 수 있다는 것을 이해 문제를 풀기 위한 여섯 가지 문제 풀기 체크리스트 이용

활동		교환적 특성과 연합적 특성을 입증하기 위한 유추 방법 이용
자료		기초적 숫자 도표를 만들어 나는 연산을 입증하기 위한 다양한 마카펜 이용 유추 방법 다양한 마카펜, 큰 판지와 색펜
성경적 통합		"하나님이 천지를 창조하시니라"(창 1:1) 그는 또한 창조한 분야를 계수하셨다. "저가 별들의 수효를 계수하시고 그것들을 다 이름대로 부르시는도다"(시편 147:4)
단원/주		**2단원 : 3~5주**
단원과 목표		**자리 값 : 전체 숫자와 소수** 열두 자리 숫자를 읽고 쓰기 전체 숫자를 비교하고 배열하기 가장 근사치 10으로 어림수로 나타내기, 100만까지 하나의 함수에 대해 대수적 표현 평가하기 10~1000을 이용하여 소수들을 읽고 쓰기 소수를 비교하고 배열하기
활동		자리 값 차트 만들기 제시판 만들기 돈을 이용하여 자리 값 보여주기 큰 숫자들을 큰소리로 읽기

자료		게시판 또는 큰 종이, 색펜
		현금과 동전의 시각적 교구
		큰 숫자의 차트 또는 투명 슬라이드
		게시판, 칠판, 흑판을 위한 자리값 차트
성경적 통합		하나님은 인구 조사에 대한 계산과 기록을 요구하셨다.
		"이스라엘의 자손의 모든 회중 각 남자의 수를 그들의 종족과 조상의 가문에 따라 그 명수대로 계수할지니"(민수기 1:2)
단원/주		3단원 : 6~8주
단원과 목표		**덧셈, 뺄셈 : 전체 숫자와 소수**
		10과 100의 근사치 어림잡기
		어림잡기의 기술 추정하기
		앞-뒤 어림잡기 기술의 추정하기
		소수 덧셈	소수 뺄셈
		합과 차액을 알기 위한 보상(compensation)과 대입(substitution) 기술 이용하기
활동		+와 -를 위한 요소들을 상기시키기
		요소들을 구슬로 심화시키기
		교재, 활동일지, 칠판, 오버헤드 프로젝터를 통해 문제를 연습하기
자료		시간 제한 시험과 응답지

단원/주	3단원 : 6~8주
	플래시 카드
	주판
성경적 통합	덧셈은 총계가 점점 늘어나는 것을 표현한다.
	"너희는 먼저 그의 나라와 그의 의를 구하라
	그리하면 이 모든 것을 너희에게 더하시리라"
	(마태복음 6:33)
	뺄셈은 감소이다.
	"있는 것까지도 빼앗기리라"(마가복음 4:25)

부록4. 성경 변증론 범위와 순서

학년 수준 : 12 | 학교 년도 : 93~94

교사 : M. Sligh | 과정의 기간 : 한 학기

#1	
단원 주제	예수 그리스도의 변증
	교수 : 12일
	평가 :
	과제 : "예수는 누구인가?"
개념/원리	성육신
	예언
	부활
	부활에 대한 대안적 이론
	역사적 증거들과 성경
	예수의 정체성(C. S. 루이스의 3부작)
기술	도서관 조회와 자원 조회 기술
교재	선택된 성경
	참고자료
자료/매체	도서관 자료 : C. S. 루이스의 3부작
	예수의 정체성에 관한 비종교적 역사

#2

단원 주제	성구의 문서
	교수 : 15일
	평가 : 2 퀴즈, 1 시험
개념/원리	신뢰성
	영감
	성경 구절
	내적 증거
	외형적 증거
	정전(正典)
	해석적 비판
자료/매체	Little, McDowell, (Evidence that Demands a Verdict)

#3

단원 주제	기적과 변증론의 결론
개념/원리	교수 : 5일
	평가 : 1 시험
	열린 체계 vs 닫힌 체계
	뚜렷한 기적
	자연 법칙과 기적
	창조에 관여하신 하나님에 관한 전제
자료/매체	참고자료 : Little, Mcdowell, 판결을 요구하는 증거
	C. S. 루이스, 「기적」

부록5. 성경적 삶의 철학

늪과 샘 : 진리와 공존하는 비진리에 대한 기독교적 해석

어떤 사람이 늪지대 건너 언덕 위에 살고 있는데, 그의 마실 물은 지하 100피트 깊이의 샘에서 나온다. 그가 병에 걸리지 않는 이유가 무엇일까? 그것은 땅의 자연적 여과 과정과 집안의 연수기가 그를 보호해 주기 때문이다. 우리는 죄로 오염된 세상에 살고 있다. 우리가 더럽혀지지 않고 살 수 있는 방법은 무엇일까? 그것은 성경적 원칙들이 살면서 범할 수 있는 잘못으로부터 진리를 가려내 주기 때문이다. 아래의 개요들은 기독교 학교에서 비기독교적 자료를 사용하는 데 있어서 기독교적 인생관과 세계관을 제시해 준다. 모든 성도의 '마실 물'은 진리의 샘에 의해 정화된다.

성경적 삶의 철학

1. 전 인류적 질문들에 답하는 보편적 원리(신 4:5~8, 잠 11:14, 14:34, 29:18(NIV), 단1:3~21, 4:34~37, 6:25~28). 사람들은 동일한 질문들을 하곤 한다. 왜 내가 여기 존재하는가? 내 인생의 목적은 무엇인가? 무엇이 옳고 무엇이 그른가? 이런 질문에 대한 하나님의 대답은 모든 사람, 모든 장소, 또 모든 시간에 있어서 동일하다.

2. 모든 진리는 하나님의 진리이다(시 119:152, 160, 왕상 3:1~15, 4:29~34, 10:1~9). 교양 교육은 하나님이 창조하신 보편적 기준을 전제로 한다. 사람들이 인정하든 인정하지 않든, 세상은 하나님에 의해 창조되

었고 연출되어진다. 저스틴 마치르가 말한 것처럼 "어느 곳에서든지 혹은 어느 누구에게서든지 선하게 이야기된 것들은 모두 우리 그리스도인들에게 속한 것이다"("변증 II」, 13)

3. 화해의 사역(출 19:5~6, 고후 5:17~21) 하나님은 모든 열방과 모든 족속들을 중요하게 여기셔서 모두를 회개와 희락으로 부르셨다(시 96~100 참조). "이 땅에는 야훼 하나님 같으신 분이 없다"는 사실을 보여 주기 위해 다른 민족들에게 하나님의 심판이 특별히 의도되었을 때조차도(예를 들면 출 9:13~21). 그러므로 성도들은 각자의 은사를 사용하여 교회와 세상의 중재자가 된다.

4. 세상에서 소금과 빛의 역할(창 12:1~3, 전도서, 사 42:6, 49:6, 마 5:13~16, 행 28:25~28, 갈 3:6~9, 빌 2:15~16). 하나님의 사람들은 다른 사람들에게 복음의 빛을 비추어야 한다. 마지막 때일지언정(사 19, 슥 14:16~19, 말 1:5 참조) 모든 열방에게는 소망이 있기 때문이다. 하나님의 "참된 진리"를 보전하며 조명하고 바라보게 하는 것은 그리스도인의 책임이다.

5. 모든 사람에게 맞추어지다(고전 9:19~22). 메시지는 변하지 않는다. 그러나 방법은 변할 수 있다. 사도 바울도 디모데가 유대인에게 인정될 수 있도록 외형적 변화를 주어야만 했다(행 19:1~3). 사람들을 "그들이 있는 바로 그 곳에서" 사람들을 만난다는 것이 사도들의 한결같은 행동 양식이다(행 17:16~34).

부록6. 계시에 관한 성경적 철학

자연 계시 : 하나님께서는 창조물의 증거(욥12:7~10; 시 19, 104, 롬1:18~32) 양심(롬 2:14~15), 그리고 인간의 법(딤전 1:8~11)을 통해 모든 사람들을 자신에게 초대하셨다. 창조 세계 내의 모든 것이 범죄로 타락했지만 하나님께서는 그 모든 것을 선하게 바꾸셨다(딤전 4:1~6). 피조물은 창조자에 의해 연출되어진다(행 14:15~17). 새 생명에 기초한 사고의 갱신을 통해(롬 8:6~9, 12:2) 문화의 중생과 재창조는 가능하다.

초자연적 계시 : 하나님은 기적(출 6~12, 왕하 5)과 믿는 자들의 기사를 사용하셔서(롬 1:16, 17, 왕상 10:1~9) 믿지 않는 자들에게 진리를 나타내신다. 물론 기록된 말씀과 살아계신 말씀(예수)이 하나님께서 그의 백성들이 세상을 관조할 수 있도록 도우시는 기본 원리이다. 성경은 성경 외적 진리(잠 22:17)와 이교도적 자료들(행 17:28, 고전 15:33, 딛 1:12)을 인용하기도 한다.

성경적 지침

1. 창조성 가운데 내재한 창조주를 반추함

    인류의 특별한 능력은 태초부터 하나님에 의해서 부여된 것이다(창 4:19~21).

2. 인간의 경험에 대한 언급

    선과 악, 배반과 정의들이 전 성경에 걸쳐서 묘사되고 있다.

3. 창조 세계를 누림

하나님의 세계는 선하다(딤전 4:1~6).

4. 주님의 사명을 완수함

   믿는 사람들은 세상 속에 있으나 세상에 속하지 않는다(요 17:14~19).

5. 죄를 알되 죄에 참여하지 않음

   믿는 자들은 그들이 속한 사회에서 자신의 역할을 다하여야 한다(레 18:1~5).

6. 진리와 선, 그리고 아름다움을 지킴

   생활의 모든 영역에서 하나님의 일을 선포하는 것이 믿는 이들의 사명이다(시 45:3~13).

7. 선악을 분별하는 일은 성화에 기초함

   성경적 원리의 적용은 영적 성숙의 표식이다(히 5:11~14).

8. 세계관을 평가하기

   성경적 계시를 통해 다른 사고 체계를 검증하는 일은 기독교적 변증학의 본질적 요소이다(요일 4:1).

9. 삶의 모든 영역을 기독교적으로 해석함

   천문학으로부터 동물학에 이르는 모든 것이 하나님의 관점에서 이해되어야 한다(고후 10:3~5).

10. 분별력을 사용함으로 비진리를 분별함

    위장된 불순과 은밀한 기만을 파악하기 위해서는 예민한 영적 탐지기가 필수적이다(잠 2:11, 3:21~26).

부록7. 일반적인 오해들에 대한 성격적 답변

• 그리스도인들은 '선한 일'에 대해 생각해야 한다(시 101, 빌 4:8).

하나님은 우리들이 어떠한 존재라는 것, 곧 죄인임을 보여 주셨다. 성경은 음란과 폭력으로 가득 차 있다(시편 101편에서 보는 바처럼 심지어 다윗조차도 그의 손에 피를 묻혔다). 빌립보 4장의 전체적 맥락은 중요한데, 9절은 다른 사람들이 바울이 선택한 생활 방식을 가지도록 권유한다(본 서신에 있어 유념할 것은 바울이 불경건한 사고나 태도 또는 행동들로부터 완전히 분리되어 있지 않았다는 점이다. 롬 1:20~32, 고전 6:9, 10; 갈 5:19~21와 비교하라). 본문에서 의미하는 '생각하라'는 동사는 염두에 두라는 말이다. 숙고하는 것은 하나님의 인도에 맞추어 사는 삶으로 인도하기 때문이다. '악함'에 대한 무지를 권면하는 말은 아닌 것이다.

• 믿는 사람들은 '세상에 속해 있지 않다' (요일 2:15~17).

예수님은 우리가 세상 안에 있지만 세상에 속해 있지 않다고 하셨다. 여기서 세속적(worldliness)이라는 의미에서 세상은 하나님 말씀의 주권 하에 놓여지지 않은 세상의 관점, 윤리와 태도들을 무분별하게 수용하는 상태를 지칭한다. 예수님은 불신자와의 활발한 상호 작용을 경험한 대표적인 분이시다. 그분은 죄 많은 세상에 인간으로 오시고 죄인들과 교제(마 9:9~13)하시며 죄인으로 취급 당하셨다(마11:16~19).

- **죄의 모든 모양으로부터 피하라**(살전 5:19~22).

여기서 '모양(appearance)'이라는 말은 번역하기 난해하며 그러므로 적용하기가 여의치 않다. 문화적으로 가장 보수적인 신자들, 예를 들면 아미쉬(the Amish : 메노파의 한 분파로, 아만파 교도 17세기 스웨스의 목사 아만이 창시한 펜실베니아에 이주하여 검소하게 삶-편집자 주) 또는 메노니트(the Mennonites : 메노파 교도, 16세기 프리스랜드에서 일어난 신교의 일파 - 편집자 주)들은 전기사용부터 옷의 지퍼까지 거부한다. 본 구절은 조심스럽게 적용되어야 하는데, 한 집단의 죄의 개념이 반드시 다른 집단의 죄의 개념과 반드시 일치할 수 없기 때문이다. 죄에 대한 개념은 단지 성경의 조명 하에서만 엄밀하게 정의되어야 한다.

- **우리가 죄를 미워하면 어떻게 죄를 보거나 읽을 수 있겠는가?**(엡 5:9~14)

본 훈계는 전 문화적 상호 작용의 모든 관점에 적용되어야 한다. 그러나 본문은 인간 타락(창 19장, 사사기 19장) 또는 부부간의 사랑의 섬세한 상황(잠 5:15~20)까지 치밀하게 파악하기 위해 노력하여야 한다는 말은 아니다. 본문의 맥락에서 '빛'은 열매 생산, 어둠의 식별과 조명에 대한 책임이다. 이를 통해 어둠에서 빛으로 변화된 악이 무엇인지 드러난다.

- **성령은 죄의 본성에 대적한다**(갈 5:16~25).

우리는 기준을 정해서 우리의 욕망을 분별함으로서 시험에 빠지지 않도록 노력할 필요가 있다. 여기서의 바울의 경고는 성령으로 인도된 삶으로부터 분리된 '삶'에 대한 것이다. 이방인과 같은 행동은 기록된 지침에 따르지 않는 것이다.

- 그리스도인들은 죄에 대해 무감각해지면 안 된다.

비기독교적인 삶의 양식에서 순응하는 삶을 살기 위해 위에 언급된 평가로부터 멀리 벗어나야 한다.

- 비기독교적 서적들과 오락에 돈을 쓰는 일은 돈과 시간의 청지기 사명을 옳게 수행하지 못하는 것이다.

자원에 대한 청지기 원리는 사람마다 틀리다. 어디에다 경계선을 그을 수 있을 것인가? 아마도 아미쉬들은 그들이 세속적 삶으로부터 더 많이 분리되어 있다는 이유로 더욱 영적이라고 생각 할 수 있다. 그러나 기억해야 할 것은 지나친 자기 확신은 그리스도인들 간에 분리를 가져온다는 것이다(롬 14장, 고전 8장).

부록8. 실천적 상호작용

기독교 문화 안에서 효과적으로 진리를 전달하기 원하는
그리스도인들이 실천할 수 있는 원칙들

1. 그리스도인들은 자신이 무엇을 믿고 또 왜 믿는지를 알아야 한다.
2. 그리스도인들은 다른 사람들의 믿음이 어떤 전제 위에 세워져 있는지 이해해야 한다(디도서 1:9~11 참조).
3. 삶의 모든 영역들이 어떤 사람이 지닌 기본적인 전제와 상호 연관되어 있으며 동시에 그 전제에 의해 영향 받는다는 것을 이해하라.
4. 그리스도인들은 자기와 다른 세계관을 지닌 사람들을 받아들여야 한다(디모데후서 1:16~18 참조, 오네시보로는 믿는 자가 아니었으나 바울을 도왔다).
5. 그리스도인들은 순진하기 때문에 비그리스도인들로부터 배워야 할 게 많을 수도 있다는 것을 이해해야 한다(누가복음 16:1~9, 믿지 않는 사람이 더 영리할 수도 있다).
6. 그리스도인들은 현재의 기회에 집중해야 한다. 지난날에 대해 지나치게 집착하고 염려하는 것은 예수님이 재림하실 때까지 이루어야 할 사역이 방해가 될 수 있다(데살로니가 후서 3: 6~13).
7. 그리스도인들은 가능한 한 이 세상에서 평화롭게 공존하는 것을 추구해야 한다(로마서 12:18, 디모데전서 2:2, 디도서 3:2, 히브리서 12:14~17, 베드로전서 3:11). 싸움은 피해야 하며 대결할 경우에는 기도하면서 잘 준비해야 한다.
8. 변화를 기대한다면 계속해서 점검해 보아야 한다. 문화적 또는 정치적 반전에 의존하는 것은 현명하지 못하다. 느린 변화가 좋은 변

화이다.
9. 그리스도인들은 좋은 해답과 실행 가능한 해결책 간의 차이를 인식해야 한다.
10. 그리스도인들은 사실을 조사하고 진술할 때 주의해야 한다. 소문이 아니라 진리가 중요한 것이다.
11. 기독교인들은 과장한 말을 조심해야 한다(예: "대중매체는 진보적이다" "비트가 강한 음악은 사탄적이다" "공립학교는 나쁘다" 등).
12. 그리스도인들은 악한 것을 밝혀내고 선한 것은 장려해야 한다.
13. 그리스도인들은 어느 한 사람이나 문화의 어느 한 영역에 비난을 가해서는 안 된다. 문화가 개인에게 영향을 미치는 것과 마찬가지로 개인 역시 문화를 만들어 낸다.
14. 그리스도인들은 자신이 돕고자 하는 문화와 접촉할 필요가 있다.
15. 그리스도인들은 예수님이 오셔서 만나고자 했던 사람들을 외면하고 있지는 않은지 주의해야 한다(골로새서 4:2~6, 데살로니가전서 4:11~12, 디도서 2:1~10, 베드로전서 11장, 12, 3:15~16).

부록9. 실천을 위한 준비

그리스도인 교사들은 다음 세대들을 교육하는 데 다음과 같은 일반적 원칙들을 사용할 수 있다.

1. 아이들의 관심사를 자신의 관심사로 만들라.
2. 아이들이 자신들의 한계와 지식을 넘어서 기독교적으로 사고하도록 이끌라.
3. 젊은이들이 문화에 변화를 일으킬 수 있도록 기회를 만들어라.
4. 성경적 관점에서 문화적 교류를 할 수 있도록 현장 학습이나 외부 강사를 초청해 세미나를 여는 기회를 많이 만들어라.
5. 변증론과 복음주의의 결합이 모든 교실 또는 교과과정의 핵심 및 원동력이 되어야 한다. 문화 간 교류의 필요를 확산시키기 위해 세속적인 것이 들어오는 것을 허용해서는 안 된다.
6. 분명한 결론에 도달할 때까지 자신의 세계관을 따랐던 개인들의 예를 제시하라.
7. 진리를 왜곡하거나 전파한 개인들의 예를 제시하라.
8. 인간적인 악행을 고백함에 있어 지나치게 구체적으로 언급하는 것을 조심하라.
9. 학급의 성숙도, 학년, 공동체의 상황 등을 늘 염두에 두도록 하라.
10. 확신 가운데 있는 영적 자유함에 대한 성경적 원리들을 제시하고 설명하라(롬 14장, 고전 8장).

이 책에서 사용된 용어들

- **위원회 혹은 학교위원회** – 학교에 지도력을 공급하고 운영 정책을 수립할 목적으로 학교를 후원하는 그룹에 의해 정식으로 선출된 사람들의 조직체. 위원회는 후원 조직과 일반적인 학교의 운영에 대해 책임이 있다. 그들은 교장을 임명하며 교장은 행정적인 집행에 있어서의 책임을 진다.
- **교장**(director) – 상이한 문화와 영역에서, 교장, 장 또는 관리자로 불릴 수 있다. 교장은 학교의 행정 집행에 있어 장이며, 학교에 지도력과 방향을 제시하는 일에 훈련되어 있을 뿐만 아니라 경험을 가진 교사로서 전문적으로 교육받고 공인된 자이다. 교장은 전체 교육 과정에 관한 회의에 대한 책임이 있으며 그의 권한 하에 교사와 직원들에게 지도력을 발휘하고 감독할 책임을 갖고 있다.
- **교사** – 5~19세의 학생들을 가르치는 것에 특별히 훈련되고 공인된 사람. 이는 교육자와 교수를 포함한다.
- **보조 교사** – 교육 과정에 도움을 주지만 교수 학습 프로그램에 관한 신뢰할 만한 공식적 자격과 자격증을 갖고 있지 않는 사람. 보조 교사는 다양한 기술적 기능을 수행하고 필요가 있을 때 학생의 필요를 돕기 위하여 교사의 감독 하에 일한다.
- **기초 교육**(primary education) – 6~8세 아동을 위한 교육 프로그램으로 언어와 수학에 기초를 두지만 제한을 두지는 않는다.
- **초등학교** – 5~11세의 아동을 대상으로, 언어와 수학뿐만 아니라 사회과학과 자연과학에 대한 기초 기술을 포함하는 교육 프로그램. 이 시기는

인류를 위한 하나님의 사랑과 구원의 계획을 배우면서, 아동이 하나님의 관점으로부터 자기 자신과 타인을 이해하기 시작하는 시기이다.

- **중등학교** - 10~15세를 위한 교육 프로그램, 자연과학과 사회과학에 관한 이해, 종합 예술적 기량의 발달과 현대 언어의 이해에 중점을 두면서 기초 능력의 통합을 추구한다. 아이들이 세계에 대한 진리를 재미있게 공부함으로, 그들이 모든 진리는 하나님의 진리이며, 성경적 지식과 이해에 통합되어야 한다.

- **고등학교 저학년**(junior high school) - 12~16세의 연령을 대상으로 하는 교육 프로그램 사회과학과 자연과학, 기본 기술의 적용, 종합 예술과 현대 언어의 분야에서의 기량 개발과 개인적 가능성과 사회적 책임에 대한 이해에 중점을 둔다.

- **고등학교 고학년**(senior high school) - 15~18세를 위한 교육 프로그램. 물리적이고 사회적인 세계가 문학과 예술을 통해서 분석적일 뿐만 아니라 철학적인 관점으로 연구되어지고 성경적 기초를 바탕으로 영적인 관점으로 이해되어진다. 몇 가지 언어 내에서 의사소통기술은 또한 단련될 뿐만 아니라 학생들은 일반적으로 하나님과 인류에 관한 실제적인 주인과 종의 관계(servanthood)에 관하여 자기 스스로를 준비시켜 나간다.

- **훈련**(discipline) - 자기 통제력뿐만 아니라 성령의 열매를 증거하는 그리스도인적 품성과 행동을 이끌기 위한 훈련. 이것은 그러한 자질들을 개발시키기 위한 조직적인 접근을 포함한다.

- **정책** - 위원회에 의해 채택된 계획 또는 수행방침. 이러한 정책들은 성경적 원리에 기초해야만 하며, 관리 운영 절차와 학교 규칙에 대한 기초

를 형성한다. 위원회는 정책을 만들고, 교장이 그것들을 수행할 것을 기대한다.

- **교과 과정** – 일반적 개요에 의해 제시되고, 활동, 교과서, 워크북, 그리고 다른 자료들과 교사에 의해 제공되는 교육 경험을 통하여 잘 다듬어진 학교에 의해 제공되어지는 학습 과정. 교과 과정의 자원은 그것들이 성경과 일치되는 범위에 있어서만 정당화 된다.

- **평가** – 학생들에 의해서 가르쳐졌던 것을 평가하는 수단. 진리의 기준과 본질의 질을 확인하는 일은 성경적 기준에 기초해야 한다. 수행은 주어진 기준에 따라서 평가되어질 수 있다. 그러나 사람은 인간적으로 평가되어질 수 없다.

- **연수 훈련** – 초보 교사를 위한 전문적 훈련 프로그램으로, 학교 교장에 의해 계획되며, 당면한 필요와 지역적 필요, 그리고 우선 순위에 중점을 둔다. 연수 훈련은 교원들을 위해 정기적으로 시행해야 한다.

- **학부모/교사 연합회** – 구체적으로 아이와 관련된 교육 프로그램의 개발과 그것에 대한 욕구에 강조점을 두면서, 교사와 학부모 간의 연합을 제공하는 프로그램. 학부모/교사 그룹은 학부모를 위한 훈련을 제공할 수도 있으며, 학부모가 학교와 교육 과정을 위해 조력하고, 기독교 교육의 중요성을 학부모들에게 교육하는 것을 돕는다.

- **현장 학습** – 교과 과정을 통해서 배운 원리들을 발견하거나 실례를 살펴보기 위해 교실 밖으로 학생들을 데리고 가는 교육 프로그램.

기독교 학교에 관한 읽을거리

Harry Blamires, *The christian Mind*, ACSI.

T. S. Elot, *Christianity and Culture*, ACSI.

Os Guiness, *The DEvil's Gauntlet*, ACSI.

Denis Haack, Critique #'s 4, 5, 1996, "American Popular Culture" and "Pop Culture : Guidelelines for Godly Particippation." Write to Ransom Fellowship, 1150 West Center Street, Rochester, MN 55902., ACSI.

Lesslie Newbigin, *The Gospel in a Pluralist Society*, ACSI.

H. Richard Niebuhr, *Christ and Culture*, ACSI.

Francis Schaffer, *How Shall We Then Lire?*, ACSI.

James Sire, *The Universe Next Door*, ACSI.

Henry R. Van Til, *The Calvinist Concept of Culture*, ACSI.

Fank E. Gaebelein, *The Christian, the Arts, and Truth*, ACSI.

Bruce D. Lockerbie, *The Liberating Word: Art and the Mystery of the Gospel*, ACSI.

John Gardner, *On Moral Fiction*, ACSI.

Flannery O'Connor, *Mystery and Manners*, ACSI.

Leland Ryken, *The Christian Imagination, Culture in Christian Perspective; Windows to the World; Literature in Christian Pespective*, ACSI.

Fancis Schaeffer, *Art and the Bible; Escape from Reason*, ACSI.

G. B. Tennyson and Edward E. Ericson, *Religion and Modern Literature*, ACSI.

Gene Edward Veith, *Reading Between the Lines : A Christian Guide to Literature*, ACSI.

Chaadwick, *Christian School Curriculum*, BMH Books.

Deuink and Herbster, *Effective Christian School Management, Deuink and Herbster*, Bob Jones University Press.

Jacquot, *Guide to Successful Christian Teaching*, American Association of Christian Schools.

Institute for Christian Conciliation, *Guideliness for Christian Conciliation*, Association of Christian Schools International.

Fennema, *Nurturing Children in the Lord*, Presbyterian & Refomed Publishing Co.

All Nations English Dictionary, All Nations.

Chadwick, *Christian School Curriculum*, BMH Books.

Horne, *Teaching Techniques of Jesus,* kregel Pubicaatons.

Gall, Jacobsen, Bllock, *Tools for Learning,* Association for Supervision and Curriculum Development.

번역 후기

어떠한 조직이든 발전적인 기관 운영을 위해서는 다음의 다섯 가지 요소가 필요하다. 즉 사업 및 행정 인력 등을 포괄하는 인적자원(humanware), 시설과 기자재, 조직 내규 등을 포함한 경성자원(hardware), 그리고 비전과 전략, 프로그램과 교안 및 연구 능력 등을 포함하는 연성자원(software), 조직원들의 헌신도, 직무수행 태도, 조직 내 일치성, 공감대 등을 포괄하는 의식자원(mindware), 그리고 타 기관이나 조직 수요자와의 제반 연계협력관계 등을 포괄하는 네트자원(netsware)의 성공적 구축과 운영이 필수불가결하다고 본다.

그러한 관점에서 볼 때 최근에 다양한 형태로 설립, 운영되고 있는 기독교 학교들의 비전과 열정, 지도자 및 교사들의 사명감(mindware)과 기본적 자질(humanware)에서는 모자람이 없는 것으로 평가되나 인적자원의 지속적인 전문성 함양 시스템 구축을 비롯한 기관 운영의 기술과 능력 부분에서는 계속적인 학습과 보완의 과정이 필요하다고 판단된다. 바로 이러한 문제의식이 한국기독교교육진흥원의 연구팀으로 하여금 본 책자의 번역에 눈을 돌리게 만들었는데, 이 책의 내용들은 기독교 학교의 기본 철학 뿐 아니라 설립과 운영에 필요한 실질적이고 구체적인 행정 및 운영 기술에 관한 내용들을 언급하고 있기 때문이다.

더불어 본 책의 원서가 현재 전 세계 100여 개 국에 5300개의 회원 학교를 두고 기독교 교육에 적합한 프로그램과 서비스를 제공하고 있으며 국제적인 기독교 학교 설립과 운영의 중추적인 역할을 수행하는 미국의

ACSI에서 출간되었다는 사실은 이 책의 중량감을 더해주고 있다. 한국 기독교 학교의 발전 방안에 대한 연구 과정에서 번역된 이 책이 나오기까지 인도하신 하나님께 감사를 드린다.

그리고 이 책이 번역 출판될 때까지 긴 시간을 인내하며 연구 공간과 물질을 헌신하신 김성귀 신구건설 회장님, 언제나 든든한 후원자가 되어 주시는 한국기독교교육진흥원 황성주 이사장님, 송두엽 이사님 이하 여러 이사님들께 감사를 드리며 번역을 감수해 주신 백석대학고 영문학과 오영미 교수님께도 감사드린다. 그리고 특히 한국어판 출판을 승낙해 주신 미국 ACSI와 힘든 출판이지만 마다하지 않고 수고해 주신 도서출판 CUP에 감사드린다. 무엇보다 본 책의 추천사를 써주신 한국 기득교 학교의 효시인 중앙기독초등학교 김요셉 목사님, 기독교학교교육연구소의 박상진 소장님, 기독교교육자료센터의 현은자 교수님, 또 한국 기득교 학교의 현주소에 대한 글을 써 주심으로 이 책이 더욱 유용한 도구가 되도록 해주신 기독교대안학교연맹의 임태규 사무총장님께도 감사드린다.

끝으로 번역에 참여해 주신 김응석, 김신정, 이해란, 남용현, 임재연, 이은희, 유정희, 이성원, 이우종, 박윤미, 김민영, 장지선, 서한림, 최지영, 정정연 연구원의 노고에 감사하며 이 책이 기독교 학교의 발전에 주춧돌이 되기를 소망한다.

한국기독교교육진흥원 원장 박철웅

DEW 사역을 소개합니다

*21*세기는 바른 성경적 가치관 위에 실천적 삶을 살아가는
그리스도의 제자를 필요로 합니다!

■ DEW (사단법인 기독학술교육동역회)

1981년 과학원교회의 '학문과 신앙' 소그룹에서 기독교대학에 대한 비전을 가진 젊은이들이 기독교대학의 설립을 목표로 〈기독교대학설립동역회〉를 결성하여 기독교 세계관 운동을 전개하여 왔으며, 1993년에는 DEW(사단법인 기독학술교육동역회)로 교육부 정식 인가를 받았습니다. DEW(Disciples with Evangelical Worldview)는 '새벽이슬'이란 뜻을 내포하며, 복음주의적 세계관을 가진 주의 제자들, 주의 일꾼들을 세상 곳곳에 세운다는 의미를 지니고 있습니다.

■ VIEW (기독교세계관대학원)

VIEW는 1998년 11월 캐나다 밴쿠버의 Trinity Western University(TWU)의 캐나다연합신학대학원(ACTS)과 공동으로 기독교세계관대학원 프로그램을 개설하기로 합의하고 1999년 7월부터 정식 강의를 시작하였습니다. 현재 기독교 세계관 석사(MACS) 과정과 기독교 세계관 준석사(Diploma) 과정을 운영하고 있습니다.

■ DEW의 사역

● *기세이적 사역(*기독교 세계관의 이해와 적용)

기세이적 사역은 모든 그리스도인들이 삶과 학문의 모든 영역에서 예수 그리스도가 주인이심을 고백하고, 하나님의 말씀대로 생각하고 적용하며 살아갈 수 있도록 돕기 위해 많은 연구 자료와 다양한 방식의 강의 패키지들을 준비하고 있습니다. 특히 삶의 각 영역에서 만날 수 있는 문제들에 해

대안을 찾을 수 있도록 세계관 기초 훈련, 집중 훈련 및 다양한 강좌들과 〈소명 캠프〉, 〈돈 걱정 없는 인생 살기〉 등의 캠프와 세미나가 준비되어 있습니다. (담당자 : DEW 유경상 대표 간사)

● **통합연구학회** – 기독교적인 이념에 입각한 학문 연구를 활성화시키는 것을 목표로, 매년 학술대회를 개최하고, 연 2회 학술지 〈통합연구〉를 발간하고 있습니다.

● **웹진 및 소식지** – 1985년 1호를 발간한 이래로 2006년 4월까지 매월 사회의 이슈 및 삶의 적용, 동역회 소식, 모임 안내 등 다양한 읽을거리를 제공하였던 소식지 DEW가 계간지로 발간되며, 보다 긴밀한 소식을 위해 웹진을 보내드리고 있습니다(웹진은 신청하시면 누구든지 받으실 수 있습니다).

■ 신청 및 더 자세한 정보를 원하시면
(136-825) 서울특별시 성북구 성북1동 179-56 2층
DEW 사무실(☎.02-745-7237~8)로 연락 주시면 친절히 안내해 드립니다.

■ **CUP는 DEW의 출판부입니다. CUP는 다음 분들이 돕고 있습니다.**
출판위원_ 김건즈(국제제자훈련원 출판디렉터), 송광택(한국교회독서문화연구회 대표), 정동섭(VIEW 교수, 가족관계연구소 소장), 조신영(e-누리시스템즈 대표), 현은자(성균관대 아동학과 교수), 황정진(순복음교회 국제신학연구소) **편집자문위원_** 김승태(예영커뮤니케이션 대표), 조덕영(참기쁜교회 목사), 조정규(도서출판 두란노 영업팀장), 박찬주(학원복음화협의회 캠퍼스연구소), 배휘놀(인터콥 미션투데이 기자단), 유경상(DEW 대표 간사), 황혜정